大名人 小故事

忧国诗圣杜甫

余 闲 著

中华书局

图书在版编目（CIP）数据

忧国诗圣杜甫 / 余闲著. —北京：中华书局, 2015.1（2022.8重印）
（大名人 小故事）
ISBN 978-7-101-10597-1

Ⅰ.忧… Ⅱ.余… Ⅲ.杜甫（712～770）—生平事
迹—青少年读物 Ⅳ.K825.6-49

中国版本图书馆CIP数据核字（2014）第282291号

书　名	忧国诗圣杜甫
著　者	余　闲
丛书名	大名人　小故事
责任编辑	董邦冠　刘晶晶
封面设计	李　睿
封面绘画	LIAR
责任印制	管　斌
出版发行	中华书局
	（北京市丰台区太平桥西里38号　100073）
	http://www.zhbc.com.cn
	E-mail：zhbc@zhbc.com.cn
印　刷	中煤（北京）印务有限公司
版　次	2015年1月第1版
	2022年8月第2次印刷
规　格	开本/ 700×1000毫米　1/16
	印张9³⁄₄　字数70千字
印　数	10001–13000册
国际书号	ISBN 978-7-101-10597 – 1
定　价	35.00元

致 读 者

　　仰望中国历史的天空, 群星璀璨。他们是史书中的传主, 是教科书上的黑体大字, 也是活在故事中的著名人物。他们的故事, 比普通人的更加跌宕起伏, 扣人心弦, 也更加发人深省。

　　"大名人　小故事"丛书, 旨在讲述教科书上未曾细说的名人故事。选取的名人, 基本上都是青少年朋友喜爱的。讲述的内容, 不是面面俱到的传记, 而是提取名人一生中若干瞬间, 借此画出名人的精神风貌, 展现他们精彩独特的个性和不可重复的创造。

　　故事的来源, 大都有史料依据, 希望给大家讲述名人们真实的而非戏说的人生。也吸取了少量的传说, 从中可以窥见千百年来的民心。

　　有的故事中出现了著名的历史事件, 涉及了相关民俗风情, 衍生出了特定的成语典故, 则在故事后进行简要讲解。每本书后, 还附录了名人的生平简历, 以供读者参考。

　　丛书每册讲述一位名人的故事, 以此形成系列。

　　丛书的作者, 都是中青年精锐作家, 他们有的写过畅销历史小说, 有的擅长写历史散文, 有的已出版大部头的名人传记……他们共同的特点, 是会讲故事, 并且愿意为青少年朋友讲故事, 希望把历史讲得生动有趣, 让读者喜欢上这些有意思的历史人物。在此谨向他们致敬。

中华书局编辑部

杜甫是谁

　　说到杜甫，但凡读过几年书的中国人，都能背诵出他的几句诗，诸如"国破山河在，城春草木深""会当凌绝顶，一览众山小"之类。但对于他到底是个什么样的人，大概都只有一个模糊的印象。

　　如果我们给李白画一幅小像，必然是白衣翩翩，举杯邀月，气质飘然，这才符合"诗仙"的超逸之气。

　　那我们如果给杜甫作画，又该会是怎样的呢？大概是一位清瘦老者，满脸沧桑，面对河山，眉间锁着一股忧愁。

　　杜甫愁的是什么？

　　身世飘零，壮志难酬，黎民疾苦，国家命运，都盘桓于他的愁肠。杜甫的祖上，曾是西晋领导灭吴统一战争的征南大将军杜预。而且，杜预也博通经史，曾给《左传》作注，称自己有《左传》癖。杜甫的爷爷是初唐著名诗人杜审言，文采名震天下。杜甫有这样的家世，自然胸有大志，以家族为荣，想做出一番事业。

　　但他时运不济，只当过八品小官，战乱之中，颠沛流离，贫病交加，最后死在一叶扁舟之上，的确是郁郁不得志。但他忧心国家命运、黎民疾苦，写成千古不朽的名篇，将自身与国家融为一体，一咏一叹之间，就具备强大的历史穿透力。

　　他的喜，是"剑外忽传收蓟北，初闻涕泪满衣裳"；他的怒，是"朱门酒肉臭，路有冻死骨"；他的哀，是"穷年忧黎元，叹息肠内热"；他的乐，是春雨"随风潜入夜，润物细无声"。

杜甫是如此的接地气，将忠君爱民之心，化作笔底文字，却又那么真诚，读了让人动容，心灵得以涤荡。于是杜甫的诗，也成为四书五经之外的另一种经典。

因此，杜甫当仁不让，被尊为"诗圣"，与李白并称为诗坛双子星，光芒万丈，令后世敬仰。

当然，这个响亮的称号，杜甫本人是不知道的。因为杜甫生前，不能说籍籍无名，但他的名声，不仅无法与李白相提并论，也远远赶不上王维、高适、王昌龄等人。在当时的一些诗人选集中，都看不到杜甫的名字。

也正因如此，安史之乱中，杜甫被叛军捉到长安后，居然轻易逃了出来，可见他官职微小，名声不大，守兵并不重视。而诗人王维、储光羲等人，却被看管得严严实实，甚至被逼迫着投降。

也正因如此，杜甫流落四川和湖南时，除了严武、高适、柏茂琳之外，很少有人救济他，导致他穷困多病，未老先衰。而李白则全然不同，他名声大，走到哪儿，都有人热心招待，很少为钱粮发愁，所以活得潇洒。

也正因如此，杜甫死后，诗歌散落，宋朝人虽然耐心搜集他的诗作，编成《杜工部集》，却也不过一千四百多首，只保留了其作品的一小部分。

这是杜甫的无奈，也是时代的必然。

想当初，盛唐时期，国力强健，大家喜欢读的诗，要么气势如虹，如李白、岑参之诗；要么轻灵冲淡，如孟浩然、王维之诗。即便安史之乱后，国力受损，大家的鉴赏口味也没多大变化。而杜甫喜欢以诗写史，精心雕琢，语调低沉，开拓的是现实主义的纯朴诗风，所以不受时人青睐，也是难免的。他自己也叹气道："百年歌自苦，未见有知音。"

一直到中唐，杜甫死了四十年后，元稹和白居易开始推崇他，从此被推得越来越高，到了明朝，他荣升为"诗圣"。

其实，这也很好理解。

就拿我们自己来说，翻开杜甫诗集，最乐意阅读的，也是《望岳》《江畔独步寻花》之类轻巧的诗。可这些诗的成就并不算高，未必能超过岑参、王维等辈。真正奠定杜甫诗坛地位的，是"三吏""三别"，是《北征》，是《秋兴八首》等蕴涵丰富的不朽佳作。但这些诗，读者并不太多。原因也许是对他的生平与遭遇不太熟悉，也许是诗歌生涩难懂，于是纷纷放弃了阅读，和一个伟大的灵魂擦肩而过。

这是多么遗憾的事情。

因为我们生在历史文化悠久的中国，就应该读经典，才不枉一生。

所以，请你抽个空，翻开这册小书，体会杜甫命运多舛的一生，触摸他那个慈悲博爱的心灵，细细回味他海一般辽阔、山一般稳重的诗歌，你会觉得，自己和脚下的土地、浩瀚的历史，有了更深切的联系。

余　闲

目录

公孙大娘舞剑器

当那个戎装的年轻女子跳起舞时，六岁的杜甫一下子就震惊了。

观众围成了一圈山峰，只在中间留了一个空地。那里搭着高高的舞台。和一切耍把戏的一样，锣鼓是少不了的，哐哐哐哐，咚咚咚咚，震天响地，吸引满街市上的人去看。观众都是喜欢热闹的，看着舞台上的旗幡，七嘴八舌，吵吵嚷嚷，说的都是公孙大娘的威名。

可是，等公孙大娘真的出现，一切都安静了。

她是一个年轻的女子，面容娇美，额头包着红罗带，身上穿着棕色的皮革军装，肩上披一条红绫，脚上是一双皮靴，手持长剑，整个人苗条，矫健，安静地站着，作了个揖，站直以后，目光如电，向四处一扫，所有人都有种被风浪吹到的感觉。

忽然，鼓声又隆隆地响起来，像平地炸起了春雷。那女子一个纵身，轻捷地跳到高处，手中的宝剑划开一道电光，继而越舞越快，阳光落在剑锋上，就像太阳被后羿射落了，在地上迸裂，火光往四处飞溅，让人目不暇接，只觉得眼前都是剑光，不由惊心动魄。杜甫似乎来到了激烈的战场，处处是刀光剑影，处处是喊杀声。

再看那女子，在一片电光之中，闪，展，腾，挪，处处踩在鼓点上，肩上的红绫在身后飘摆，像一条游龙，随着女子不停地跳跃、旋转，游龙仿佛得意起来，或昂首，或潜泳，变幻莫测，没一刻宁静，但女子始终驾着游龙，上天入地，逍遥自在。

鼓声越来越密，女子越舞越快，几乎只看得见一片红光了，杜甫正看得神摇目夺，鼓声猛然一停，舞台上红光散去，只剩下一位女子，持着长剑，苗条，矫健，安静地站着，作了个揖。刚才如海涛般惊人的舞台，忽然变得像一座宁静的山。

"好——"观众们清醒过来，从心底里发出了赞叹声，摸出钱币、饰物，雨点般扔到舞台上去。

杜甫看完了表演，久久不能平静。他小时候多病，家里又有很多规矩，让他活泼不得。而现在看到这样自由激烈的舞蹈，他忽然发现，唐朝的世界很开阔，很精彩。

的确，唐朝是个大融和的时代，北方少数民族健壮、粗犷的血液，注入到了中国阴柔、纤弱的血脉中，顿时变得孔武有力，充满阳刚豪放之气。那时的中国人，从宫廷到民间，都喜欢欣赏胡人的歌舞。轻柔的《采莲曲》《后庭花》，变成了奔腾的《胡旋舞》《胡腾舞》。也正是在这样的时代氛围中，唐朝的文化才变得色彩斑斓，壮健有力。

公孙大娘舞剑器，就是源于胡人的舞蹈。

这次表演给杜甫留下的印象是如此深刻。五十年后，杜甫住在夔州（今重庆奉节），看到临颍的李十二娘舞剑，觉得很熟悉，不禁问她是跟谁学的。李十二娘说："我是公孙大娘的弟子。"杜甫顿时感慨万千，瞬间想起了童年的往事，写下了一首有名的诗《观公孙大娘弟子舞剑器行》，记录了当时的场景。

杜甫还说，唐朝著名的书法家张旭看完了公孙大娘的表演后，赞

清代任伯年所绘《公孙大娘舞剑图》两幅

叹不已，说："我今天才体会到了舞蹈的神韵，而这神韵对书法也有很大的启发。"从此，张旭笔下的草书如同游龙狂舞，神采奕奕。

可见，艺术都是相通的。

杜甫是大诗人，不仅热爱学习前人的诗歌，而且一有机会，就欣赏音乐、绘画、书法、舞蹈，具有多方面的艺术修养。比如十几岁时，他听到了歌唱家李龟年的迷人歌声，一直念念不忘。二十岁时，他在吴越之地旅行，特意去江宁（今江苏南京）瓦官寺看了晋朝画家顾恺之的维摩诘像,并感慨于他笔法的神妙。在长安时,他对画家曹霸笔下的马非常欣赏,认为他画出了马的骨气,晚年来到成都,还写诗去赞叹。

4

他在成都造了一间草堂,特地请名画家韦偃画了两匹骏马,日日赏鉴,喜爱不已,觉得激发了跃马千里、拯救危局的雄心。

这些,都给杜甫写诗带来了极大的启发。

据说,观看完公孙大娘舞剑后,七岁的杜甫开始写诗,第一首就歌颂凤凰。他写诗时,脑海中关于凤凰的印象,应该有着公孙大娘的舞姿吧,在空中展翅飞翔,充满自由,又充满激情。

杜甫就是这样,开始了他最初的诗歌创作。

显赫的家族

大唐虽然健壮，但杜甫的童年是不幸的。

他三岁时，母亲就去世了。父亲杜闲常年在外当官，照顾不了他，就将他寄养在洛阳的二姑母家。离开了父母，年幼的杜甫当然是寂寞的。幸好，他的二姑母非常疼爱他。

有一回，杜甫和姑母家的儿子同时染上了病。从杜甫中年后一直有肺病来看，幼年的杜甫所染的可能也是肺病。二姑母非常担心，四处去求医，也不见好，没办法，只好去问女巫："您给看看，这俩孩子该怎么办呢？"女巫装神弄鬼一番，故作神秘地说："睡在屋子东南面最吉利。"姑母听了这话，就把儿子的床位挪开，让杜甫睡在屋子的东南面。

当然，这只是迷信的做法，但可以看出姑母的心意。

姑母家并不宽裕，买不起太多的药。所以，她每次煎好了药，先给杜甫喝，剩下的药渣子再熬一遍，才喂给儿子。因为照顾得当，杜甫活下来了，而姑母儿子的病却一天比一天重，最后死了。

这件事情在邻里引起了很大的轰动。

因为在歌颂妇女美德的《列女传》中，曾有这样的故事：齐军攻打鲁国时，有位鲁国妇女扔掉自己的孩子，抱起哥哥的孩子去逃命。齐军非常奇怪，围住了她就问："你怎么丢了亲生的孩子？"妇女答道："我对自己的孩子,是私爱;对哥哥的孩子,是公义。我不愿因为私爱损害了公义。"齐军听完后,都无比感慨,纷纷说:"鲁国的妇女都能这样做,何况鲁国的朝廷呢?"于是就撤了军,不再攻打鲁国了。

这个故事流传很广,是历代妇女的榜样。而二姑母的做法和鲁国妇人简直太相像了,于是邻里都称赞杜甫二姑母有鲁妇之风。杜甫长大些后,知道了这件事,更是无比感动,姑母的品格深深烙印在他的心里,让他懂得了什么叫无私的爱。

家族对杜甫的影响,远远不止二姑母一个人。

杜甫的祖先中出过不少大人物,其中最有名的,就是西晋时的名将杜预。当年三国鼎立,曹魏被司马炎取代,改名为晋,接着消灭了蜀汉,然后把剑锋指向了东吴。当时东吴的君主孙皓非常残暴,失去了民心。司马炎看准了机会,就让杜预担任大都督,指挥大军,进攻东吴。杜预善于谋略,一路上大军势如破竹。孙皓惊慌失措,但回天无力,只好乖乖束手就擒。杜预因此立下大功,被封为当阳县侯。

杜预并不只是名将,他还是学者,懂法律、经济、工程,平常最喜欢读《左传》,坐着读,躺着读,在家读,外出还在读,被人称为"《左传》癖"。后来,他给《左传》做了注解,影响很大,流传至今。

因为深受儒家思想熏陶,杜预有一份仁义心肠,打完了仗,就在荆州兴建水利工程。他修建了很多沟渠,让农田得到灌溉;又修了一条万里长的运河,不仅减少了长江的洪水,还让粮食运输更加畅通。由于这些做法,他得到了老百姓的爱戴,被亲切地称为"杜父"。

对这样文武双全而又忠君爱民的先祖,杜甫万分钦佩,并且拿他做榜样,一辈子念念不忘,总想要"致君尧舜上,再使风俗淳",想通过自己的努力，让皇帝超过尧舜，并使民风更加淳朴美好。

杜预使杜甫树立了政治理想，而他的诗人爷爷杜审言，则给他树立了诗歌榜样。

杜审言年轻的时候，与崔融、李峤、苏味道合称为"文章四友"，其中杜审言成就最大，在唐高宗时考上进士，在武则天时期也做官，擅长写诗，对五言律诗的创立贡献不少。杜审言写过一些有名的诗，比如"云霞出海曙，梅柳渡江春"，上下句对仗非常工整，让后世的人们回味不已。

杜审言自认为有才华，所以很高傲。有一回，朋友苏味道担任吏部侍郎，杜审言参加官员的预选试判，出来后他对旁人说："这回苏味道肯定死了。"听到此话的人很吃惊："这是什么原因？"杜审言哈哈大笑说："他看到我的判词写得那么好，肯定羞愧死了。"除此之外，杜审言还曾说："我的文章超过屈原、宋玉，我的书法胜过王羲之。"

这些言论，虽然源于他自夸的性格，但也说明他的诗歌、文章、书法成就都不低。杜甫从小读着爷爷的作品，写作起点就很高，并把写诗作为家族传统。后来，杜甫虽没有获得先祖杜预那样的军事成就，但在诗歌方面，却远远地超过了爷爷杜审言。

父亲家族让杜甫充满责任感，而母亲家族的故事，则让他知道在艰难人世中，如何保持端正、善良的品格。

杜甫的外祖母是义阳王李琮（cóng）的女儿，属于唐朝皇室后代，血统非常高贵。武则天掌握权力后，为了巩固地位，杀害皇室子孙。李琮也不能幸免，被安上谋反罪名，扔进了牢房。杜甫的外祖母本来是金枝玉叶，但此刻是落地凤凰不如鸡，穿着草鞋布衣，面容憔悴，

忧国诗圣杜甫

每天走在洛阳的街上，去牢房里送衣送饭。许多人都被她感动，认为她"勤孝"，也就是指非常孝顺。

但她的父亲李琮最终还是被杀害了，并牵连到儿子。李琮的大儿子李行远已经成人，受到株连也被判死刑；小儿子李行芳还是个儿童，可以免死。但李行芳死死抱住哥哥，一边大哭，一边对行刑的人说："你们放了我哥哥，我替他去死。"行刑的人并不听。李行芳就说："那我愿意和哥哥同死。"于是，他们兄弟都被处死了。又有许多人被感动，说他们"死悌"，就是指兄弟情深，愿求同死。

杜甫从小就听着这些家族故事，又亲身感受着二姑母的慈爱，便懂得了仁爱、忠孝，形成了端正的品行、高贵的理想。

杜甫勤思好学，手不释卷，读经史百家，读历代诗文，将书册都读散架了，号称"读书破万卷"，加上天分又高，所以"下笔如有神"。到了十四五岁时，他的诗文就在洛阳流传。当时的名士崔尚和魏启心读后，都非常惊叹，认为他是汉代大文学家班固和扬雄的再生。

得到前辈们的夸奖，杜甫非常得意，渐渐觉得贾谊、曹植等人，也大可不必放在眼里了。在这里，我们看到了杜审言的影子。

少年时的杜甫认为，凭借自己的才华，前途是不可限量的。

游历江南

一天中午，朋友许登来到杜甫所住的旅舍，叫道："子美（杜甫字子美）兄，今天带你去瓦官寺。"

二十岁的杜甫正躺在床榻上。他昨天与许登看了城隍庙，在人头攒动的庙会上逗留了半天，晚上与江宁的友人谈诗纵酒，此刻正在酣睡。迷迷瞪瞪被许登唤醒，杜甫本来有些不快，但一听"瓦官寺"三字，脑子忽然清醒，腾地就起了床，草草吃过中饭，就与许登骑马出门了。

在马鞍上，许登说："子美兄，到了江宁，这瓦官寺中的维摩诘像，可是不得不看啊。"

杜甫连连点头。他熟读历史，知道这壁画的来历。但许登一半是卖弄，一半是热情，滔滔不绝地说起那件迷人的往事。

据说，东晋时，瓦官寺刚刚建成，僧人们邀请当地的达官贵人到来，向他们募捐。大家纷纷响应，但数额都不大，没有超过十万钱的。这时，顾恺之微微一笑，拿起了笔，在功德簿上写上："捐钱一百万。"僧人们很惊讶，喊了一嗓子："长康（顾恺之字长康）先生，一百万钱。"在座的体面人听了，都纷纷嘲笑："这家伙又说大话，就他那家底，砸锅卖铁也凑不齐一百万啊。"顾恺之却不慌不忙地说："给我一面白墙，一个月后即可兑现。"于是，他闭门不出，在寺院北小殿精心绘制维摩诘像。一个月后，就要画眼睛了，他对僧人说："画像马上完成，你贴个告示，凡是第一天来观看的，都请施舍十万钱。第二天来看的，施舍五万。第三天来的，就按惯例给。"

等到完成的那天，殿门一打开，大家都觉得眼前一亮。壁画似乎放出了万丈光芒，把整个寺院都照亮了。参观者摩肩接踵，慷慨解囊，不一会儿工夫，就凑齐了百万钱。

许登说得是绘声绘色，眉飞色舞。杜甫听了，更是心痒难搔，恨不能马上看到那幅名震天下的维摩诘像。

二人沿着秦淮河北岸跃马扬鞭，一路绝尘。远远望见一座高阁，挺立于江岸，如一柄长剑，刺入云霄，在烈日下金光闪耀。

许登举着马鞭，遥遥一指："那就是瓦官阁，在瓦官寺之中。"

二人又骑行了一阵，到了寺院门口，把马系在树上，走进山门。杜甫并无心思去参拜佛祖，便绕开几个大殿，径直来到北面小殿。那里门户敞开，一眼就能看见壁画，虽然时隔三百六十余年，颜色稍褪去了些，但画像依然完整，在日光下，那种震慑人心的魅力丝毫不减。

杜甫走进小殿，站在壁画前面，想到当年顾恺之的英风，身体因激动而微微颤抖。壁画中，维摩诘色彩鲜丽，体态华贵，既端庄又轻盈。旁边有许多飞天女神，衣带在风中飘舞，真是灵动优雅。

杜甫细细地欣赏顾恺之的笔法，觉得有说不出的神妙。尤其是维摩诘的那双眼睛，明亮，慈爱，悲悯，让人觉得震撼，同时又深感温暖。杜甫想起顾恺之的名言：四肢美丑，不是要点；要想传神，重在双眼。从这幅画来看，顾恺之果然做到了。

杜甫忽然由此及彼，想着：那么写诗呢，如何才能传神？落笔的要点又在哪里呢？他站在壁画前，浮想联翩，似乎超然于物外，飞扬于艺术的至美氛围中，不知看了多久。

许登对此壁画十分熟悉，也无心多看，便在寺院各处闲逛，回来看杜甫，发现他依然痴迷其中，手指凌空，沿着壁画的线条，细细地勾勒着，似乎在用心描摹。

许登知道，杜甫虽不擅长丹青，但学识渊博，对画理还是有几分研究的，此刻估计正在研究顾恺之用笔之法呢。他不去打扰，心里有些无聊，就又绕到禅房，与熟识的禅师饮了一杯茶。眼看几个时辰过去，禅房外日光减弱，就辞别禅师，回到小殿，却发现杜甫坐在蒲团上，呆望着壁画，正若有所思。

莫高窟《维摩诘像》
顾恺之在瓦官寺的壁画今已无迹可寻，只能从莫高窟的《维摩诘像》中揣摩顾恺之画作的风采与笔法。

许登暗暗觉得好笑，就来催促："子美兄，该回去了。"

杜甫却似乎没有听见。

许登又说："子美兄，天色晚了。"

杜甫这才回过神来，嘟囔道："啊，天色晚……晚了。"的确，殿外夕阳西下，光色转暗，寺中游人渐稀。晚钟沉稳地响起，一记一记，像在近处，又像在远方，让杜甫有些恍惚，真不知今夕是何年了。再看壁上维摩诘的画像，也渐渐隐入暮色，但那双眼睛，依然明亮清澈，深入人心。

看杜甫流连忘返，许登说："我家藏有维摩诘画像的摹本，很是传神，回去你可以仔细欣赏。"

杜甫这才心怀不舍地离开，到了许登家中，迫不及待地摊开画像，又欣赏了许久，真是爱不释手。许登看他喜爱，就说："子美兄，这画就送给你了。"

杜甫大喜过望："这怎么敢当？"

许登哈哈大笑说："宝剑赠英雄，这画像能到子美兄手里，正是得其所哉。"

杜甫也是个豪爽的人，不再推辞，喜出望外地携着画像回到客舍，又玩味了许久。夜风从窗户里吹入，带来青草的气息，还有悦耳的虫鸣。杜甫更觉心旷神怡了。

他想到离开洛阳以来一路的见闻，真是心潮澎湃。

几年前，杜甫忽然动了漫游的心思：自己读过万卷书，理应趁着年轻，去行万里路了。

在唐朝开元年间，读书人大都喜欢出去漫游。那时国家强盛，物价便宜，治安良好，水路、陆路通畅，沿途饭馆驿站很多，所以出行极为便利。而读书人想飞黄腾达，就得去人文荟萃的都市，多结识些有权威的人士，扩大自己的知名度，为以后参加科举考试提供方便。当然，一路纵览秀丽山河、名胜古迹，也有极大的乐趣，往往会触动诗兴，留下迷人的诗句。同时，如果看到了民生疾苦，这些未来的帝国官员心里容易存一份爱民之心。所以，漫游之风盛极一时。

杜甫熟读东晋谢灵运、何逊、阴铿等人的诗文，对诗中山清水秀、草长莺飞的江南，早已悠然神往，加上他的叔父杜登正在武康（今浙江湖州）任县尉，可以提供食宿。于是杜甫从洛阳上船，沿着运河，途经淮阴、扬州，悠悠然南下，看着眼前的景色从单调、平坦的黄土地，慢慢变成起伏的丘陵，景色由枯燥转向秀媚，自然觉得新奇。

杜甫在江宁逗留许久，结识了许登（因排行第八，所以杜甫诗中称他为许八）。两人同是英武少年，豪情万丈，一见如故，结为挚友。许登要尽地主之谊，就带杜甫遍览江宁名胜，既拜访了东晋名流王导和谢安的故居，也去了城隍庙。当然，最重要的，是这天下午去的瓦官寺。

几天后，杜甫挥别许登，离开江宁，继续南行，到了姑苏（今江苏苏州）和会稽（Kuàijī，今浙江绍兴）。杜甫学问深厚，走到各处，都能联想到相关的典故。在姑苏的虎丘山上，他遥想着春秋霸主吴王阖闾（Hélú）的起伏人生；在姑苏阊（chāng）门的泰伯庙，他感念着泰伯的贤德；在扬子江看到有船开往遥远的扶桑（今日本），心里又掀起远航的念头；在会稽，他品尝着勾践的仇恨；在五月的鉴湖里，他感受到秋天般的凉爽；而越中女孩的洁白如雪，也让他十分喜爱。此后，他乘船一直到了曹娥江的上游剡（Shàn）溪，还穿着青鞋布袜，攀登了

忧国诗圣杜甫

高峻的天姥（mǔ）山。直到二十四岁，杜甫要参加进士考试，这才离开吴越，返回洛阳，结束长达三年多的壮游。

这次游历让杜甫眼界大开，当然，结识到各种各样的朋友，也是他的一大收获。其中最重要的一位，就是高僧旻（mín）上人。他们两人志趣相投，结为忘年之交。旻上人住在清幽的山谷，杜甫时常带着棋局，兴冲冲去与他对弈。有时杜甫在湖中泛舟，旻上人身披袈裟，飘然而来，在湖光山色中，与杜甫谈论诗文。这时的杜甫写了好多诗，旻上人恰是其知音，非常欣赏，逢人便赞叹杜甫的诗。

杜甫的名声，在江南渐渐传播。

在壮游中，杜甫对政治现实也有所思考。他在姑苏阊门的泰伯庙时，居然泪如涌泉。这不是没有原因的。泰伯是周朝祖先古公亶父的长子，本来有机会继承君位，但他知道父亲预见到老三季历的儿子姬昌将来有大成就之后，就主动把君位让给季历，自己来到东吴。此后才有姬昌三分天下有其二，开创八百年周朝。

从泰伯的事迹，杜甫不免想到唐朝的宫廷内斗。李世民在玄武门杀死兄弟李建成、李元吉，夺得皇位；武则天几乎杀尽李姓皇族子孙，篡唐为周；韦皇后东施效颦，也要登基，却被太平公主和李隆基剿灭；李隆基斗死太平公主，逼迫父亲当太上皇，自己做了皇帝。

杜甫认为，他们与泰伯相比，真是有天壤之别。作为现实主义诗人的杜甫，在壮游中开始了独立的思考，诗风也慢慢变得壮健。

所以，我们时常说，年轻的时候，壮游也是学习的一种形式。

漫游齐赵之地

高而蓝的天，覆盖着黄红的林子。秋叶正在飘落，长草全部转黄，白杨树露出雪白的枝干。一条清澈的小河，静静地穿过林子，不时有巨大的水鸟扑棱棱飞起。

几匹骏马在奔驰，马蹄踏着黄叶枯草，蹄声轻盈而悦耳。跑在前面的骑手，不过三十出头，装束整齐，肩上站着一只鹰，马上还挂着一杆长枪，招呼着几条猛犬，这是苏预（后来改名苏源明），担任着监门胄曹，管理甲胄物资。他后面的那位大约二十四五岁，脸上稍微有点胡须，手里持着长弓，腰间悬着箭囊，英姿飒爽，这便是诗人杜甫。

杜甫眼看一只水鸟飞起，就在马背上搭上箭，拉开长弓，照准了射去。只见那长箭破空而去，不偏不倚，正中那只水鸟。

苏预看到杜甫的好身手，就在马鞍上拍手叫好。

"子美兄，你可真是我的葛强啊。"

杜甫也正得意："那我就带你这个山简去喝个痛快。"

他们用的是个典故。山简是东晋名士，父亲山涛名列竹林七贤。山简在襄阳为征南将军，忙于公务，觉得厌烦。爱将葛强说，附近有习家池，风景别致，还酿有好酒。山简一去，十分喜欢，就常邀请名士共往，吟诗作对，开怀畅饮，总是酩酊大醉。有一次，山简喝醉酒后，骑着高头大马，倒戴着头巾，在暮日余晖下慢腾腾地回襄阳城，醉态可掬，惹得路人掩嘴而笑。

苏预和杜甫，虽然也习武射猎，但却志不在此，他们羡慕的，不过是山简的潇洒罢了。二人并辔而行，路上遇到一个酒馆，就走进去，让店主炖了猎物，又买来酒，喝个痛快。

735年，二十四岁的杜甫结束吴越之游，去参加进士考试，不料却落第了。他向来高傲，几乎把屈原和宋玉都不放在眼里，此番竟然考不中区区进士，心里自然郁苦。但他到底年轻，觉得机会尚多。何况，在那时，要博取功名，并不只有科举一条道路。边塞立功，结交权贵，甚至隐居终南山，都有机会得到朝廷青睐，而后出将入相，留名青史。所以，年轻的杜甫并不太着急。此时父亲杜闲在兖州（今山东泰安、曲阜、济宁一带）任司马，他便从洛阳北上，来到齐赵之地。

这里与洛阳、江南大不相同。山是挺拔庄严的泰山，河是激流澎湃的黄河，连丰草上、长林间吹过的大风，也有一股壮健浩荡的气息，适合登高疾呼，适合慷慨悲歌。正因为如此，齐赵之地侠客众多。杜甫逗留了许多年，浸润在这种气氛里，也变成了齐赵的健儿，每日除了读书外，就呼朋唤友，过着快意的骑猎生活。

此时，他除了结识苏预，和高适、张玠（jiè）也相遇了。这些人，都将与杜甫的命运紧密相连。然而此时大家都是一介布衣，相逢也不过是把酒言欢，纵论天下，真是有说不尽的自由爽快。

这时的杜甫，正处于生命的夏天，炽热，飞扬，充满力的光芒。齐赵的慷慨，正符合他的个性，于是写出了许多龙腾虎跃般的诗歌。

先来看这首《房兵曹胡马》：

胡马大宛名，锋棱瘦骨成。

竹批双耳峻，风入四蹄轻。

所向无空阔，真堪托死生。

骁腾有如此，万里可横行。

　　杜甫在房兵曹（唐代州府中掌管军防驿传等事的小官叫兵曹参军）处，看到了一匹大宛骏马，顿时十分惊叹。看它铮铮铁骨，刚劲有力，绝无一丝赘肉，不愧是天下名马。双耳小而尖锐，如同竹片削成，正是良马的特征。看它四蹄点地，纵横驰骋，定然轻捷如风。虽有空阔之地，它也能一跃而过，真是同生共死的伙伴啊。他对房兵曹说："有了如此骁勇飞腾之马，您日后万里横行，广立功勋，又何足道哉？"

著名画家徐悲鸿所绘《奔马图》
　　徐悲鸿曾说，他画《奔马图》，就是从杜诗《房兵曹胡马》中获得启发，画出了"所向无空阔，万里可横行"的气势。

再来看这首《画鹰》:

> 素练风霜起,苍鹰画作殊。
>
> 㧐(sǒng)身思狡兔,侧目似愁胡。
>
> 绦镟(tāo xuàn)光堪摘,轩楹势可呼。
>
> 何当击凡鸟,毛血洒平芜?

在朋友家的廊柱之间,杜甫看到一幅画,又生发了感慨。

平静的白绢上,忽然起了凛冽的秋风。定睛一看,哦,原来是画着一只苍鹰。其身姿,其眼神,让四周顿时充满肃杀之气。它㧐身,即将展翅,想着捕猎狡兔;它眼窝深陷,目光如电,暗藏腾腾杀气。它虽然脚上系着套环,虽然挂在廊柱之间,但似乎一招手,它将破壁而出,一飞冲天。

据说楚文王在云梦泽狩猎,一只大鸟翱翔云间。猎鹰一见,立即㧐身展翅,快如飞电,转瞬之间,白羽飘落如雪,鲜血洒落如雨,继而大鸟坠落于地,双翅展开,有几十里宽。

那么,你这只苍鹰,能否搏击凡鸟,一试身手,让世人惊叹呢?

显然,杜甫就是以大宛马、苍鹰来自喻,表明自己的志向呢。

既到山东,泰山自然不可不登。杜甫与友人同临泰山,才到山脚,远眺泰山,就觉身心震撼。只见一座端正青翠的大山,突起于齐鲁平原之上。它是如此的高峻,高耸入云,又连绵不绝,似乎将世界一劈为二:山峰的东南面落满了灿烂阳光,熠熠生辉;山峰西北面灰暗阴冷,如暮色沉沉。一座山上,清晨与黄昏同时出现。

再看浮云蒸腾于山中,在山风的催动下,都如白马一般,飞驰于青林之上。群鸟从山脚振翅飞起,要回到山林故巢里去。杜甫目送这群飞鸟，只见它们越飞越远，永不停息，似乎也没到达，只是渐渐消失了踪影，就算圆睁双目，也再不能看见。山道上隐隐有人在攀登，都小如草芥。此时此地，杜甫终于明白了"孔子登泰山而小天下"的真意，于是胸中起了慷慨激昂之意，欣然写了首诗，这就是著名的《望岳》（第一首）：

岱宗夫如何，齐鲁青未了。

造化钟神秀，阴阳割昏晓。

荡胸生层云，决眦入归鸟。

会当凌绝顶，一览众山小。

这是杜甫雏凤初啼之作，豪迈清爽，胸怀浩荡，真有青年人傲视古今，气吞万里之势。

等杜甫登上泰山，站在日观峰上，长风吹拂着衣襟，俯瞰沃野千里、黄河东流，胸中除了凌云壮志之外，忽然起了几分忧思。他想到，这眼前的大好河山，其实也潜藏着一些危机：这些年，唐玄宗好大喜功，仗着国势强盛，仓廪充实，就在西方和北方边疆上连年开战，壮劳

泰山风景图

力都上战场去了，桑田照料不周，很多就荒废了，长此以往，肯定会影响国运啊。

这些忧国忧民的想法，在杜甫脑海里闪烁了一下，但他也没有太放在心上。年少豪放的他，虽然写了《望岳》这样的好诗，但距离诗圣还很远呢。

他需要时间的历练。

与李白的交往

　　杜甫从二十岁开始，前后漫游了十年。江南的秀美、齐赵的壮伟、家族的荣耀、少年的抱负，在他胸中激荡，熔炼成一行行美妙的诗句，使他获得了一些名声。但这对于他做一代名臣的理想，却帮助不大。他在这十年中结交的好友，要么是落魄诗人，要么是地方小吏，都没有能力举荐他去做一番事业。

　　于是，而立之年的杜甫暂时结束漫游，在洛阳附近的首阳山下成亲安家。第二年父亲不幸去世，为了养家糊口，谋求出路，他只得逗留洛阳，与达官结交，与贵人唱和，希望得到帮助。但往往只能陪吃一顿酒席，获赠一些钱粮，却看不到真正的前景。

　　就这样过了两年，诗人的浪漫情怀、纯洁志向，让他厌烦了勾心斗角、尔虞我诈。

　　正在这时候，一个光辉人物出现了。

　　这就是诗人李白。

　　李白是个传奇人物，十五岁学剑术，二十岁做侠客，随后离开巴蜀，浪迹天下，拜访权贵，寻仙访道。李白的理想是最可爱的，既想成仙，却又说，这不成，我要是就这么走了，老百姓怎么办？我要平地一声雷，立即出将入相，谈笑之间，寰宇安定，社会清明，成就万世功业，然后急流勇退，辞官而去，泛舟五湖，逍遥自在。

　　后来，李白凭借诗文，获得唐玄宗的欣赏，召为翰林，但只是做个文学玩伴，并没有委以重任。李白大觉不满，每日醉酒，与长安的权贵诗友混在一起，甚至在玄宗面前也表现出傲慢，还得罪了大太监高力士、大美人杨贵妃，最终让唐玄宗也觉得讨厌，就赐了些黄金，让他离开长安。

　　李白失去了政治上的出路，看清了朝廷和宫廷的腐败黑幕，就更加放纵，四处漫游，只以求仙为念，虽然内心痛苦，但外表看起来愈发的潇洒不凡。

清代苏六朋所绘《太白醉酒图》
从此画可看出杜甫《饮中八仙歌》中
"李白斗酒诗百篇，长安市上酒家眠，天子
呼来不上船，自称臣是酒中仙"的风采。

三十三岁的杜甫正把尘世看成污池，当他在洛阳遇到四十四岁的李白，顿时为他的风度所倾倒，为他的诗才所折服，就追随他超越尘世，去采集仙草了。

李白也觉得杜甫真诚可爱，就引为好友，一同跨过黄河，去王屋山参拜道士华盖君。可惜，一到那儿，却发现华盖君早已仙逝。他们大感失望，看着四周寂寥的原野无限怅惘，最后只得返回洛阳。

后来，李白去了陈留（今河南开封陈留镇），杜甫也跟着赶到。同年秋天，二人恰好遇到了高适。高适也是奇才，少年时不务正业，四十岁后开始学习写诗，不料几年之间，写成《燕歌行》，被万人传诵。此时，高适已四十五岁，比李白还年长一岁，却依然过着流浪生活。三个旷世诗人遇到一起，真是风云际会，互相激荡，成为诗坛的千古佳话。

他们白天在孟渚泽游猎，黄昏时同登单父台饮酒。三人登上高处，举目望去，只见一片平野，似乎直达海边的碣石。长风浩荡，远处烟云翻滚，都一起奔涌到眼前来。

看到这种雄阔的场景，三人胸襟大开，谈论起时事来。高适常年在梁宋之地流浪，懂得民间疾苦。李白刚从宫廷出来，看清了朝廷内幕。杜甫虽然也漫游多时，但阅历毕竟浅薄，就听两位前辈高谈阔论。

李白说："这些年虽然国库充实，但连年开战，朝廷又能坚持多久呢？"

高适也说："不错。当今圣上好大喜功，边疆四处战火。西边的王忠嗣攻吐蕃，北边的张守珪攻契丹，动辄几十万大军，耗费多少士卒和钱粮，才争得寸土，真是惨胜如败啊。"

杜甫插嘴："既然惨胜如败，那为何总有战事呢？"

李白惨然一笑:"还不是边将们想立功?那些个莽夫,靠着将士尸首堆出来的功劳,就想到朝廷当宰相了!"

高适说:"唉,边将们手握精兵,镇守边境,中原反倒空虚。万一生变,可怎么得了呢?"

高适的话,让李白、杜甫也都沉默了。正是深秋,桑树宽大的叶子纷纷飘零,同田野中的豆叶混在一起,随风旋转飘舞。三位诗人都感觉到寂寥与战栗。

不久,高适南下去楚地,李白去紫极宫拜见高天师,杜甫去拜会北海(今山东潍坊一带)太守李邕(yōng)。李杜二人分别了一年,第二年的秋天,又在兖州重逢。此时,李白安家于此,杜甫大概是受邀而来。

这次见面,两人彼此更为知心,友情也超过往日。他们谈论诗文,寻访友人,白天携手同行,醉后共被酣眠,日子过得舒心而自在。

忽有一日,李白看着天空无云,只有大雁缓缓飞过,心里有些无名的惆怅,不知怎么排遣。他想到朋友范十正在城北闲居,许久不见,可以一访。于是来了兴致,叫上杜甫,就急匆匆上路了。

杜甫有点意外,在马上说:"我们就这么去,有点唐突吧,万一主人不在呢?"

李白一挥马鞭,说:"我辈性情中人,兴之所至,何必多想?"

半道上,他们经过一段荒坡,马有些慌不择路。李白一不小心,摔落到苍耳丛里,脸上、手臂上都被扎得够呛,最惨的是身上那件华贵的翠云裘,全粘满了苍耳子。杜甫赶紧下马,将他扶起,又要去摘苍耳子。李白却不在意,拍拍尘土,大笑说:"时间不早,赶路要紧。"于是二人重新上马，七拐八拐，终于到了范家。范十听见马蹄声，赶忙迎出来，见到来人头发凌乱，浑身苍耳子，一时认不出来。

李白哈哈大笑："范十兄，是我啊。"

范十终于认了出来，不禁也大笑，将他们两人迎了进去，叫仆人置办酒菜，采来了新鲜的蔬菜，端出了珍藏的霜梨。

李白赞不绝口，说道："最近酒席上满是荤腥，都不愿下筷。今天这些野菜，真是清香扑鼻，使我胃口大开呢。"

吃罢了酒席，三人又趁着酒兴，吟唱起《猛虎行》，真是无拘无束，尽情欢笑，听凭屋外的夕阳渐渐沉落，四野里响起清脆的虫鸣，远处传来溪流里的捣衣声。

欢乐的时间总是短暂的，三个月转瞬过去，杜甫求仙归隐的心思冷了，辅助君王的想法又热了，决定要去长安寻找机会。而李白呢，早就对仕途绝望，只求游山玩水，正想重游一遍江东。

两个人各有打算，只好在兖州城东的石门分手。

此时的杜甫，对李白除了倾倒、折服，还增加了理解，进而产生同情，于是写诗赠他：

秋来相顾尚飘蓬，未就丹砂愧葛洪。

痛饮狂歌空度日，飞扬跋扈为谁雄。

——《赠李白》

杜甫说，又是一年秋天相见，两人依然像秋蓬一般，被风吹折，随风飘转，流离漂泊。你又曾说，想要去仙山炼丹，可延年益寿，如今却一无所成，真是愧对祖师爷葛洪啊。唉，高居庙堂已无望，修道求仙也渺然，只能痛饮狂歌，飞扬跋扈，可这样除了虚度年华，又有何用呢？

短短一首诗，写尽了李白潇洒背后的无奈，盛名之下的悲凉。同时，杜甫希望李白重新振作，寻求机会。

但李白淡然一笑，写了首《鲁郡东石门送杜二甫》回赠。鲁郡，就是兖州。杜二，是因为杜甫排行第二。

> 醉别复几日，登临遍池台。
>
> 何时石门路，重有金樽开？
>
> 秋波落泗水，海色明徂徕。
>
> 飞蓬各自远，且尽手中杯。

李白说，你我上回在陈留醉别，不久又在兖州相逢，将此地的名胜都游遍了，日子何其痛快。可惜啊，又要分别了，不知何时我们再来这石门路欢饮一番？眼前泗水流淌，秋波浩淼，海色辉映着徂徕山，真是风景如画，真是让人不忍分离啊。唉，不过，你既然说我是飞蓬，那就是飞蓬吧，你我两朵飞蓬，被各自的长风吹送，从此各奔东西。惜别之情如此深厚，但也无可奈何。但毕竟来日方长，就先饮尽手中这杯美酒，为彼此祝福吧。

两位大诗人，自此一别，再也未能重逢。李白走到沙丘，寂寞难言，就写诗赠杜甫，说"思君若汶水，浩荡寄南征"。而杜甫更是情深，在长安时，说"何时一樽酒，重与细论文"。相别日久，杜甫越发体会到李白的价值，认为"白也诗无敌，飘然思不群"。

此后，杜甫逃难秦州，安居成都，留下许多思念李白的诗句。

安史之乱后，757年，李白跟随永王李璘起兵，作为幕府。永王与他的哥哥唐肃宗争权，兵败被杀。758年，李白受牵连，被流放夜郎。759年，杜甫身在秦州，听闻这个消息，不知李白生死如何，万分悲痛，连梦里都见到李白，以为他已身死，灵魂飘荡千里，从江南来秦州托梦。

761年，杜甫五十岁，在成都知道李白尚在人间，却不知近况，只因总听见别人误解李白，就写诗为他辩护：

> 不见李生久，佯狂真可哀。
>
> 世人皆欲杀，吾意独怜才。
>
> 敏捷诗千首，飘零酒一杯。
>
> 匡山读书处，头白好归来。

——《不见》

杜甫说，自从兖州分手，一晃十六年过去，再没能见李白。别人认为李白纵酒轻狂，可我知道，他是假装轻狂，避免被害。世人嫉恨他的高才傲骨，所以都喊着杀杀杀，只有我懂得他的痛苦，怜惜他的才情。李白诗才敏捷，却又那么落魄，一生居无定所，到处漂泊，真是命运多舛。

杜甫遥对着苍空，沉痛地说："老朋友啊，江湖险恶，人心难测，你已是花甲之年，该回乡了，回到匡山当年的读书处，不要再四处奔波。"谁知第二年，李白就在安徽当涂去世了。

杜甫虽然只与李白交游了几个月，却是他最好的知音。对于一生飘零、放浪形骸的李白而言，有一颗同样伟大的心灵，与他相互辉映、彼此倾心，真是莫大的安慰。

27

艰难的求官路

746年，三十五岁的杜甫来到长安，起初还是很得意的。他的祖父很有名声，母亲家族与皇室多少沾点亲，所以他很快就和汝阳王李琎（jìn）、驸马郑潜曜（yào）等体面人物相处得熟了。虽说他还是一介布衣，但自己觉得前途无量，功名立等可取，能和王侯们平等交往，并没有什么自卑感。

这年除夕夜，杜甫在旅馆里独个儿住着，没事可做，看蜡烛寂寞地抖着亮光，就有些无聊，听到楼下大伙儿赌博的声音，一时兴起，也参与进去，高喊着骰子的花色。虽然输了些钱，他却哈哈大笑，说："当年刘毅家里没有隔日粮，却敢豪赌一百万呢。"刘毅是东晋时的名将，少有大志，不拘小节，屡立战功，被称为冠军将军。这时的杜甫，还有漫游齐赵时的豪放，正踌躇满志，一心认为飞腾有望呢。

果然，刚过了年，机会就来了。唐玄宗为了表示爱才，发布一道诏令，但凡在文学艺术有一技之长者，都可上京考试。这个叫制举，和定期举行的科举不同，是由皇帝临时发起，因而难度也更大。杜甫是个倔强的人，二十四岁时科举不中，他就不愿再考，进而选择了难度更大、路子更窄的制举。这就仿佛赌徒输钱后，就发了狠心，下一笔更大的赌注，企图一次性扳回，同时也让面子上更有光。

三十六岁的杜甫走进了考场，使出浑身解数，洋洋洒洒写了一篇美文，自认为必然考中，于是回到旅馆里喝着酒，品着诗，乐滋滋地等着。但他等来的结果，却是没考中。

而且更奇怪的是，这次居然没有一个人中榜。整个长安城都炸了营，各种猜测纷至沓来。而负责考试的宰相李林甫若无其事，兴冲冲地给皇上贺喜："这次考试啊，没一个合格的。这说明全国的人才，全被您选拔到朝廷里来了，民间已经没有遗留的贤才。可见您真是前所未有的圣君啊。"唐玄宗这时年纪大了，只图享乐，居然也相信了这番鬼话。

杜甫的一个朋友元结也同样落选，他愤愤地写了一篇文章，说明当中的缘故。

原来，李林甫虽出身皇族，但为人十分卑鄙。只不过他能迎合皇帝的心思，所以很受重用。唐玄宗本来是个英明君主，既平定了武则天之后的乱象，又一手开创开元盛世，但在位久了，就难免自满松懈。看着国库里钱粮多得用不完，百姓据说是安居乐业，丰衣足食；朝廷里人才济济，大事小事都有人管着；边疆上也算安宁，各路节度使手下兵强马壮。于是他心满意足，对自己说：

"劳累了半辈子，也该享受享受了。"

他把年号从开元改成天宝，也就把人生目标从励精图治改成了安逸享乐。

六十岁时，唐玄宗把一个儿媳妇给娶了，还封为贵妃。这就是有名的胖美人杨玉环。唐玄宗是个艺术家，能编写舞曲；杨玉环生得美，又聪明，还能歌善舞。两个人虽说年龄相差很大，但男才女貌，情投意合，过着神仙都羡慕的快活日子。唐玄宗就把政事全部交给李林甫了。

现代画家徐操所绘《明皇并马图》

　　画中，唐玄宗和杨贵妃骑马并行。在丝竹声里，公主们纷纷进献美食，据说一盘要花去十户中产人家的家产，十分奢侈。但玄宗却乐在其中。于是，鼎盛的唐朝渐渐出现危机。

　　李林甫一味的贪污腐败，为了保住宰相的位置，看到有能耐的人就压制，看到有反对他的人就打击。他制造了一系列冤假错案，把开元年间那些正直的、有才能的大臣或者贬官，或者杀害。就在前一年，他诬陷太子谋反，牵连了许多无辜，著名文人李邕惨遭酷刑处死，左丞相李适之被迫自杀。一时间，紧张恐怖的气氛，笼罩着朝廷。

　　作恶多端的人，一般都做贼心虚。李林甫也不例外，他晚上住家里，也是提心吊胆，几个房间轮流睡，以此躲避刺客。当他听说皇帝要选拔人才，他生怕这些人中出来个刺儿头，口无遮拦，写文章揭发他的罪行，所以干脆一个不录取。

这次考试的失败，给了杜甫沉重的打击。

他四处漫游，满以为这次一举成名，青云直上，开启他的事业。猛不防被当头一棒，就被打得晕头转向，许久缓不过劲儿来。他的心态一下子就变老了，颓废了，甚至连头发都有些变白了。在他的诗里，才三十九岁的人，就不断自称"少陵野老"。在齐赵漫游时的张狂劲儿，被悲惨的现实一点点消磨掉了。

没能考中，杜甫没有经济来源，在长安的生活一天比一天艰难。但他依然是倔强的，之前是考进士不中，所以考制举。现在制举不中，他就又不屑于去考了。那他怎么办呢？他开始不断地给权贵们写诗，结交翰林张垍、京兆尹鲜于仲通、节度使哥舒翰等等，希望能得到引荐。其中一些权贵甚至算不上什么好人，比如张垍就曾诬陷李白，使他离开长安。而鲜于仲通是靠着与杨国忠的关系，一下子爬上高位，然后一直穷兵黩武。杜甫与他们结交，证明他已经有些饥不择食了。

这些诗的套路一般是这样的，先是说一番好话，用整齐的对句、恰当的典故、优雅的辞藻，赞扬对方的地位、功劳、道德，在后半段，说明自己可怜的处境，希望得到引荐。但结果总令他失望。为了解决生计，他有时帮驸马郑潜曜写一篇碑文，挣一笔稿费；有时写诗给汝阳王李琎，获赠一些钱粮。

有些贵人附庸风雅，常请一些文人墨客一同出席酒筵，席间吟风弄月，写一些应场的诗文。酒喝得高兴时，大家似乎亲近了，甚至成了朋友，可一旦酒醒，悬殊的等级摆在那儿，就把美梦戳破了。杜甫也时常身处其中，或者吃一顿佳肴，或者得到一些报酬。他嘴里说着荣幸，但心里却感到十分屈辱。

他的好友郑虔、岑参，此时也都贫寒，偶尔能相互周济一下，但更多时候，也只是相对苦笑。

750年，韦济来到长安，担任尚书左丞。杜甫听说这位长者曾去洛阳老家寻访自己，当然十分感动，将他视为知音，像小孩对着亲人倾诉内心的痛苦一般，写诗道出了多年来的辛酸。这就是著名的《奉赠韦左丞丈二十二韵》：

> 朝扣富儿门，暮随肥马尘。
>
> 残杯与冷炙，到处潜悲辛。

对于心高气傲的杜甫而言，寄人篱下，追在贵人屁股后头，享用别人吃剩的酒肉，还要装出快乐的样子，的确是非常痛苦的。这时，他无比羡慕李白如闲云野鹤般逍遥自在，而他的事业心却不容许他那样做。

而就在此时，又一次机会到来了。

751年，迷信神仙的唐玄宗据说受到神仙的启示，在正月里接连举行了三个盛典：祭祀玄元皇帝（就是老子）、太庙和天地。杜甫通过驸马郑潜曜的关系，事先得到消息，趁机洋洋洒洒写了三篇《大礼赋》，对三个盛典进行了华美的歌颂，献给了唐玄宗。

唐玄宗看了三篇赋，十分欣喜，觉得杜甫拍马屁拍得到位，让他穷奢极侈的典礼突然有了正当名义，而且还戴上了神圣的光环。他一高兴，就让杜甫来集贤院，命宰相考试他的文采。

这是杜甫生命中最为光辉的一天。他精神焕发，坐在集贤院里，饱蘸浓墨，奋笔疾书。而集贤院的院士们听到这则奇闻，都纷纷拥过

清代禹之鼎所绘《明皇求教图》

唐玄宗虽曾是个英明皇帝，但年岁一大，就开始信赖道教。为追求长生，常常寻仙问道，炼丹服药，连梦中也不忘见神仙。

来观看，结果围成了一堵墙。皇上的赞美，让杜甫一夜之间名满长安。而他也满心欢喜，以为这回总算能混出头来了。

然而等了几天，没有等来官印，只等来一个"送录有司，参列选序"的通知，说白了，就是等候分配。这当然又是李林甫从中搞鬼，前一次他说"民间没有贤才了"，这回怎么突然冒出来一个？这不是打他嘴巴吗？为了维护面子，他这次还是不录用。当然啦，既然皇上都发话了，也不能驳皇上脸面，那就先挂起来，来个等候分配吧。

再一次的打击，让杜甫不仅精神绝望，而且身体也垮了。这年秋天，雨水不断，积水里都生了鱼，青苔蔓延到病榻上来。他患了严重的疟疾，整整一个秋季都卧病在旅馆里。以往的朋友看他倒霉，渐渐就不往来了，让他觉得世态炎凉。

这么重的打击，让他头发白了，眼睛黯淡了，皮肤也变得黄蜡蜡、皱巴巴的，完全是未老先衰。对比他在兖州骑射时的风采，简直是判若两人。

这一年，他已经四十岁了，于是想起孔子曾经说过：后生可畏，年轻人未必不如年长者啊。孔子还说，要是年过四五十还一无所成，学问道德都没什么可称道的，那一辈子也没指望了。杜甫觉得孔子就在说他呢。

在长安待了五年，杜甫没能混上一官半职，只换得满腹牢骚，意志消沉。他此时的作品，不是向权贵献媚，就是向朋友抱怨。前者虽然整齐华丽，后者虽然让人同情，但这样的诗，眼里只有自己，到底算不上高明。

体会百姓疾苦，创作《兵车行》

752年的冬天，四十岁的杜甫病体恢复了些，偶尔也出去走走。这一天，他来到长安北边的咸阳桥，远远就看见那里尘埃漫天，车轮滚动声、马匹嘶鸣声、人的哭喊声混在一起。他走近了一看，原来是一队士兵身披甲胄，背着弓箭，正要出征，看上去大都极为年轻。两旁是送行的父母，上前去牵住孩子的衣服，跺着脚痛哭流涕。而虎狼般的军校，就厉声制止，要新兵们不能停步。新兵们也泪如雨下，于是哭成了一片。哭声之响，似乎直达云霄，连冬云都停止不前了。

杜甫拦住一位约莫四五十岁的老兵问道："这是怎么回事啊？"

老兵看着这位须发斑白，衣服破旧的诗人，知道他不是官场中人，就叹了口气，说了真话。

"唉，这年头，征兵太频繁了。你瞧瞧我，十五岁就去北方防守黄河要塞，现在四十多了，头发也花白了，好不容易回乡来，还没待几天，又要开去西边屯田，平时拿锄头，开战了，就得拿刀枪玩命。再看看这些年轻人吧，"他停下来，指指从身边鱼贯经过的少年们，"他们也都是十五岁，谁知道还能不能回来。就算万幸没战死，也只能混成我这样，还有什么盼头呢？"

杜甫最近虽然卧病在床，但从朋友郑虔、岑参口里知道，这些年边疆上四处开战，接连遭到失败。就在今年四月，剑南节度使鲜于仲

35

忧国诗圣杜甫

通率领六万士兵,征讨南诏国,结果全军覆没,只有鲜于仲通逃了回来。宰相杨国忠向皇帝隐瞒真相,只说得了大胜利,暗地里在长安、洛阳附近大量征兵,争取再次开战,用胜利来挽回脸面。可大家都听说云南有瘴气,士兵到了那儿,来不及开战,就会死去十之八九,哪里肯去白白送命呢?杨国忠没办法,就派御史胡乱抓人,抓到了就套上枷锁,直接送去前线。

杜甫心里好沉重。李林甫已经弄得朝廷腐败成风,现在又来了个杨国忠。他一没才干,二没品德,整天只知道捞钱,爬上宰相宝座后,又马上组建了一个贪污犯罪团伙,玩弄权术,贪污受贿,朝廷上下更加乌烟瘴气,开元年间那种清明向上的政治气氛,已经荡然无存了。

杜甫叹了口气:"真是奸相误国啊。"

那老兵却说:"奸相只是一方面。"他忽然压低了声音:"要不是当今皇上好大喜功,一定要开疆辟土,也不至于边境上血流成海啊。"

杜甫一心认为,国家之所以不太景气,原因就是李林甫、杨国忠这帮人又自私又贪婪,拖累了皇帝。而皇帝还是英明的,大唐在他手里,虽然偶尔有点灾难,但未来依然是美好的。杜甫日夜想要的,就是想有一个像样的官职,以便像向日葵一般,忠心地拥戴皇帝,鞠躬尽瘁地辅佐皇帝。所以,当他听到老兵的谴责,很有些不自然,就转移了话题。

"唉,壮劳力都去边疆了,家里头可怎么办呢?"

"谁说不是哪。咱们大唐国土大,人也多,可也禁不起这样折腾啊。您要是去各地走走,就会看到真实情况了,多少田地被抛了荒,不种庄稼,光长野草。"

杜甫这几年虽然住在长安，但家里人还在洛阳，所以经常奔波于两地，看到田里都是妇女在劳作，起初还奇怪，现在一想，原来男人都上战场了。唉，妇女毕竟不如男人有力气，收成当然一年不如一年了。

　　"但愿边境早点安宁，你们能解甲归田。"

　　老兵却苦笑了一声。

　　"您也知道，边疆上那些大官，简直都疯了。他们不仅向敌对国开战，对原本的盟友（比如南诏国）也开战，甚至不惜以几万士兵的性命，去换取几寸不能耕种的荒地。这都为了啥，不就是为了官帽子吗？咱们关中兵性子倔，最能耐得住苦战，所有的将领都喜欢。这样一来可苦了我们了，哪儿的战事吃紧，哪儿的城池难啃，都驱赶着我们去，就像驱赶鸡狗一样，哪儿还有解甲归田的盼头啊。"

　　杜甫再说不出话来。他自己出身士族，世代当官，不需要交租，也不用服兵役，算得上幸运。对比眼前这位满脸沧桑的老兵，他忽然惭愧起来。自己多年来混在长安，只想求个官职，嘴里整天喊着"致君尧舜上，再使风俗淳"，其实他眼里只有皇帝，只有仕途，又何尝真的关心过老百姓的疾苦呢？

　　而那位老兵呢，得到一个读过书、明事理的听众，心里似乎很痛快，就把心里头的苦楚全都倾诉出来了。

　　"先生，您说好笑不好笑，这些年咱都在外面打仗，可一回家呢，朝廷居然厚着脸皮，又向我催租了。您说，我又没种地，到哪儿凑这钱粮去呢？这还让不让人活了？难怪现在乡里头流行一句话，生男不如生女好啊。"

　　杜甫倒也听过这句话。这些年，杨贵妃仗着美貌，获得帝王宠爱，家里是鸡犬升天,让天下人羡慕。莫非乡野之人,也有这样的宏愿吗?但老兵一解释,他就发现自己错了。

　　"您想啊,生个女儿,还能嫁到邻近,平常也能见着;可要是生个男娃呢,好不容易养大成人,一上战场,还不得死在烂草堆里?这十几年来,真是死了一批,又送一批,边疆上不知躺着多少尸骨啊。"

　　杜甫眼前浮现出极其恐怖的一幕。在青海边塞,不知死了多少壮年人,尸首没人埋葬,就变成森森白骨,零乱地散到各处。一到阴湿的雨夜,那些新鬼旧鬼,不能入土为安,不能回归家乡,就都悲伤地哭起来,那声音凄凄惨惨,真让人不寒而栗啊。

　　回到住处,杜甫心绪难平,就挑亮灯盏,铺开稿纸,真是文思如涌,一首《兵车行》一挥而就。他不再堆砌难懂的典故,不再刻意地

现代画家徐燕孙所绘《兵车行》

此画反映了《兵车行》中的场景:"车辚辚,马萧萧,行人弓箭各在腰。耶娘妻子走相送,尘埃不见咸阳桥。牵衣顿足拦道哭,哭声直上干云霄。"

使用对句,只是用最朴实的句子,记录下在咸阳桥的所见所闻。在诗中,他不再反复咀嚼自己那点怀才不遇,而开始关注老百姓的疾苦,替他们说话,并研究苦难的根源,对君主、官员进行痛批。

杜甫的视野开阔了,诗歌的国土也扩展了。如果说,此前他的诗歌与王维、高适、岑参等人水平相当,但自从《兵车行》一出,他已超越了他们,成为独步古今的大诗人。

讽刺朝廷昏庸，创作《丽人行》

每年的三月三，是上巳节，按风俗，大伙儿群集到水边嬉戏洗浴，以祛除不祥，祈求康健，顺便也能游春。唐朝虽然有些边乱，但到底是极度强盛繁华的。在长安曲江两岸，一到上巳节，顿时游人如织，比肩接踵。达官贵人们也会出现，迎来万人围观。

那时的曲江，真是烟柳繁华地，温柔富贵乡。南有紫云楼、芙蓉苑，西有杏园、慈恩寺。王公大臣、豪门贵族们，又在水边盖了许多亭台楼阁，极尽富丽豪华，真是处处花草馥郁，烟水明媚。

753年，杜甫四十二岁，虽说没能当上官，但凭借权贵们的接济，诗文的报酬，也能有一些收入。另外他还懂得药理，能种些草药出售。东拼西凑，就在曲江附近的杜陵、少陵一带置办了一点产业，有了几间草房、几亩桑麻田，算是有个落脚点，于是就把家人从洛阳接过来。此时，他已有一个儿子，名叫宗文。二儿子宗武还在肚子里，秋天才会出生。

既然家人都来了，到了上巳节，当然要带他们到曲江看看热闹。当他们赶到曲江，发现两岸早已挤满了人，但凡平整点的草地上，都张起了帐幕，赤金的，亮银的，雪白的，配上开得轰轰烈烈的杜鹃，清亮亮的河水，还有光亮的车辆，壮健的马匹，鲜丽的游人，让人感觉无比奇幻。

忽然有人呐喊起来："秦国夫人和虢（guó）国夫人来了。"

大伙都站起来，一阵骚乱，围到大路上去。只见一队盔明甲亮的士兵开道，众多侍女像是踏着彩云，优雅地款款行进，当中两位绝世的佳人，都面容娇丽，如同红桃带雨；神情恬静，像清江映月；气质高贵，仿佛翠竹挺立。

围观的人都看得痴了。杜甫虽然时常出入于王公大臣的府邸，但也从来没有见过这种天仙般的女子。

再看她们的服饰，孔雀开屏般的发髻上，缀着闪光的翡翠。身上披着彩霞般的罗裳，上面绣着金凤凰、银麒麟，连腰带上都满是璀璨的珠玉，衬出娇美丰满的身材。两人一出现，真是艳光闪闪，似乎把春景都照亮了。

这两位都是杨贵妃的姐姐，也深得唐玄宗宠爱，所以赐予了国夫人的称号，平常出入宫廷，就像进出自家门一样，并传出了不少绯闻。

她们下了马车，走进帐幕之中。不多时，就有侍女端上菜肴来。前一个端着翠玉釜，当中放着新蒸好的驼峰；后一个手托水晶盘，盛的

唐代张萱所绘《虢国夫人游春图》（宋摹本）
在此画中，前三人和后三人是侍从、侍女和保姆，中间并行的是虢国夫人和秦国夫人，与杜甫《丽人行》诗所述相合。

是一尾素鳞；其后连绵不绝，无不是山珍海味。光是看，已让人馋涎欲滴。但那两位美人却似乎毫无兴致，手里拿着犀牛角做的筷子，没有动手，让那些精心烹制的珍馐渐渐没了热气。

宗文在杜甫怀里，发出响亮的咽口水声音。

"爹，她们怎么不吃呢？"

杜甫正不知怎么回答，只听马蹄声声，由远而近，来了一队宦官，将马驱驰得飞快，但在距离幕帐很远的地方，就纷纷下了马，小心翼翼地捧着饰有丝络的食盒，一路小跑，进了幕帐。

杜甫心中就明白了，这是皇上御赐的八珍。据说，当时公主们纷纷向皇上进献美食。唐玄宗任命宦官姚思艺为校检进食使，负责这些进献的食品，每天接收几千盘，一盘所费，相当于中等人家十户的家产。平常只是听说，现在算是见着了。

但就算是这等美食，两位美人也视为平常，每样略微吃了几口，便停了筷子，赏给下人去吃。

继而，箫声鼓声齐鸣，一队彩女翩然起舞，两位美人也快活起来。周围的百姓听着仙乐飘飘，都有些陶醉了。正在这时，忽然又来了一队人马，一些士兵开道，神情狰狞，动作蛮横，大声呵斥，驱逐着围观的百姓。

"快走，快走，宰相来了！"

百姓纷纷往边上退去，动作慢的，不免被士兵推搡得摔倒在地，哭喊声响成一片，与箫鼓声混在一起。

果然，杜甫看到那队人马中，为首的那位四十多岁，身穿紫袍，高大白净，得意洋洋，驾着宝马飒露紫，缓缓而行，在众人围观之下，真是耀武扬威。

这就是当朝宰相杨国忠。

其他人早已下了马，以示尊敬。只有他一直骑到帐幕之前，才翻身下马，昂首挺胸，迈着八字步，缓缓走进去。虢国夫人见了，便微笑着，将他招到身边去，神态极为亲密，简直旁若无人。

杜甫暗自叹息。这杨国忠本来是市井小人，年轻时，仗着长相英俊，能说会道，就与杨贵妃的二姐（也就是后来的虢国夫人）私通。杨贵妃得宠后，顿时鸡犬升天。杨贵妃的三个姐姐、一个哥哥，都显赫一时。杨国忠只是杨贵妃的远亲，但靠着杨贵妃的关系，也来到长安，仗着会算账，能敛财，得到唐玄宗喜爱，几年工夫，就手握重权，等李林甫一死，他就成了右宰相。但他既无能，又无耻，政事弄得一团糟：胡乱选官，让百官愤怒；胡乱征兵，让百姓怨恨。而他呢，却依然我行我素，只顾贪污纳贿，生活奢侈淫逸。

可皇帝又能好到哪里去呢。为了让杨贵妃开心，让人快马加鞭，从广东运荔枝来，一路累死驿马无数。除了衣食住行的豪华之外，宫中还流行斗鸡游戏，玄宗又教群马跳舞……哪一样不是花钱如流水，浪费着民脂民膏？

杜甫想到这些，眼前虽然热闹非常，身上却起了寒意。他想，这样奢侈淫乱的朝廷，靠着这些昏庸无能的大臣，又能支撑到几时呢？

渴望从军

在长久的苦闷中，老朋友高适的来访，让杜甫感到几分快慰，也恢复了一些漫游齐赵时的豪情。

在杨国忠乱政之时，许多文人在朝廷里找不到出路，就去投靠节度使。原来，唐朝为了巩固国防，就在边境设置十路节度使，并赋予他们自主招募人才的权力。高适就去了武威，得到河西节度使哥舒翰的赏识。就在杜甫四十二岁这一年（753）的夏天，哥舒翰回长安叙职，高适也跟随回京。

老友长久不见，相聚时自然要把酒言欢，开怀畅饮。

高适比杜甫年长十二岁，但最近春风得意，在边塞上壮怀激烈，所以很有些英姿勃发。相比之下，杜甫虽然年轻些，但衣帽破旧，鬓角点点白发，一脸颓唐忧愁，倒显得更老气一些。

"达夫（高适字达夫）兄，你在武威担任什么职务？"

"做掌书记。节度使倒也器重，拿我当国士看待。"幕府掌书记，相当于机要秘书，负责起草文书，属于高级文职。

杜甫击掌说："达夫兄你一向沉沦，如今不再担任县尉，到边境去跃马扬鞭，英姿胜过幽并健儿，真是让小弟羡慕啊。"幽州并州民风彪悍，擅长骑射，多出健儿。这句恭维话，是说高适文武全才呢。

高适听了，也哈哈大笑。原来，就在四年前，他结束流浪，经人推荐，担任封丘县尉，掌管治安捕盗。当初他只以为邑小官闲，哪知道一进公门，便是自投罗网，种种令人厌烦的公事，都有规定的章程和期限，约束人不得自由。他是个有良知的读书人，更受不了拜迎长官、鞭挞百姓的难堪，觉得这些是莫大的屈辱，所以没做多久，便辞职不干。如今快马驰骋，运筹帷幄，真是大丈夫所为。对此，杜甫又是高兴，又是羡慕。

高适看到杜甫面容憔悴，就拍拍他的肩膀："子美啊，你胸怀大才，肯定不会久屈人下。"

杜甫三杯酒一下肚，恢复了几分豪气。

"男儿志在四方，不在一时一地。少年得志当然最好，年老立功也是美事。达夫兄，我想你现在担任掌书记，十年之后，必成一方主帅。"

事情发展果然如杜甫所料，就在第二年，高适随同哥舒翰大败吐蕃，立下大功，穿上了五品的红色官服。这不由让杜甫有些动心：同样是才子，同样蹉跎了大半生，如今高适高歌猛进，自己却困顿不前，差距实在太大。

在这几年里，杜甫又陆续向皇上献了《封西岳赋》《雕赋》，但没有一点回音。思来想去，参军就是他的唯一出路了。

恰好此时，哥舒翰麾下的判官田梁丘进京，杜甫趁机写诗赠他，又写了一篇《投赠哥舒开府翰二十韵》，请田梁丘转送给哥舒翰。在诗中，他恰到好处地赞美了哥舒翰的功业，写得磅礴大气，在诗末尾又含蓄地写道：

　　　防身一长剑，将欲倚崆峒。

崆峒就在陇右，属河西节度使管辖。杜甫自认为是一柄长剑，要倚靠哥舒翰，去边疆立功。其实，哥舒翰挺能识才，重用了高适，还用了前宰相严挺之的儿子严武，他们都是杜甫的好朋友。如果哥舒翰看到杜甫的自荐诗，再加上高适、严武在旁边美言几句，那真有可能聘请杜甫，改变他的命运。

可惜，杜甫运气实在不好，没过多久，哥舒翰虽然战功赫赫，但也酒色过度，不幸中了风，半身不遂，回京养病。杜甫参军一事，当然就被搁置下来了。

杜甫心情压抑，而天气似乎也压抑了。

这一年阴雨不断，延续了六十余天，四处都是洪水滔滔，墙塌屋倒，连树木都被淹没，庄稼基本绝收，京城内外不断有人饿死。杜甫家虽然有几亩桑麻地，但也没什么收成，连屋前的花草也在水中烂死了。他穷困潦倒，愁眉不展。杜甫本来没什么存款，长安物价又在飞涨，虽然领着官府的救济粮，但日子还是艰难，只好将在长安还没住满一年的妻儿安顿到奉先（今陕西渭南蒲城县），那里物价便宜，自己则回到长安，继续无望地等待。

这时，韦见素入京做宰相。杜甫照例又写了首诗，格式依然是先赞美，再求提携。他本是不抱什么希望的，但这次赠诗却起了作用。不久，他收到了平生第一个委任状。

他被任为河西县尉，官级为从九品下。

这一委任状让杜甫啼笑皆非。他年轻时是想要做宰相的，给皇帝献赋时，心里的期待值是六品上的官职。如今却得了个从九品下，还是个县尉。当初高适辞掉封丘县尉时，杜甫还去祝贺，如今自己竟要步他后尘了。

于是，杜甫想都没想，就拒绝了任命。不久，新的任命又下达了，改为右卫率府胄（zhòu）曹参军，正八品下。所谓右卫率府，是太子卫队；所谓胄曹参军，就是盔甲兵器的保管员。一个年过四十的诗人，一生舞文弄墨，以古代贤人稷、契自比，如今却去看守兵器库，真像是一个黑色幽默。

但出于生计的考虑，四十四岁的杜甫接受了。

痛失幼子

好不容易混了个小官，杜甫干了几天，决定去奉先探望妻子。在十一月的一个夜晚，他走出长安城。这时，天上有点月光，映出形象狰狞的乌云。寒风呼啸，似乎要将山冈吹裂，枯草被吹得瑟瑟发抖。杜甫冒着寒风行走，衣带都被冻硬，一折就断。他本想打个结，不料手指早被冻僵了。

杜甫只好让冷风灌入领口，在微弱的月光下，看着黑魆魆的河山，种种悲酸翻上心头。

他在长安困居九年，不停地献赋呈诗，结交权贵，尝尽人间辛酸，到头来，只得了这样一个小小的官职。唉，当初自己是何等的豪气，一心要"会当临绝顶，一览众山小"。谁知时光匆匆，过了不惑之年，只落到这步田地。

其实，他内心也常起冲突。本来，他也可以和李白一样，遨游江湖，潇洒度日，不受任何约束。可是，他心中装着天下苍生，一念及民生疾苦，就心肠发热。他真心希望有个英明的皇帝，容他去辅佐，殚精竭虑，让天下得以安宁，百姓得以富足。可是，他哪有这样的机会啊。他的皇帝，此刻又在做什么呢？

这时，他已走到骊山脚下，天刚刚破晓，雾气之中，山上已传来了丝竹之声。他知道，此刻皇帝正在华清宫中避寒。他也能想象，那里日常是怎样的一幅画面。

清代康涛所绘《华清出浴图》
　　此画以杨贵妃出浴为主题。杜甫《自京赴奉先县咏怀五百字》和《哀江头》等诗中都提到过关于华清宫、杨贵妃的形象。

　　外面寒风刺骨，宫内温暖如春，温泉池里更是热气蒸腾，异香扑鼻。玄宗和宠臣们刚泡过温泉，又坐下来喝酒，让乐队奏响他新谱的曲子，杨贵妃与其他妃子们则翩然起舞。玄宗高兴起来，就将民间搜刮来的财物随意赠送。

　　杜甫知道，皇帝赏赐的锦帛，都是寒门女子精心编织的，本想要凭借勤劳过上好日子，而官家却横征暴敛，鞭打其丈夫，夺取财物献给朝廷。杜甫想到这些，默默做了几句诗：

> 彤庭（朝廷）所分帛，本自寒女出。
>
> 鞭挞其夫家，聚敛贡城阙（朝廷）。

　　唉，这个世道啊，皇帝和百官越来越奢侈，而百姓的日子却一天天穷苦下去。他又想到了京城里的豪宅，权贵们鲜丽的马车，杨氏姐妹奢侈的宴席，对比着长安街头冻饿而死的苦人，千古名句就从胸中喷涌而出：

朱门酒肉臭，路有冻死骨！

其实，杜甫不知道，这时安禄山已经谋反，长刀直指两京。不过，他凭借诗人的敏感，已经察觉到山雨欲来。因为，任何时代，当贫富差距太大，社会必然不能稳定。

杜甫继续赶路，向北渡过渭水，看到洪水到处肆虐，让他怀疑是天柱折断，天河奔腾而下。他历尽艰难，终于到了奉先，一到家门，就听见一片嚎啕之声。他心里一沉，急忙奔进去，这才知道，不满周岁的幼子刚刚饿死。

回家的喜悦，顿时被巨大的悲痛所覆盖。杜甫抱着冰冷的幼子，失声痛哭，觉得自己实在窝囊，空有一腔志向，空读了万卷经典，却连家人都养活不了，哪有脸面当父亲？邻居们看到这种场景，也都纷纷抹泪，叹息生活的艰难。

杜甫安葬了幼子，站在那小小的土堆前，眼泪已经流干了，看着这个在寒风中瑟瑟发抖的国家，心里越发悲哀。此时刚进入冬天，秋天的稻禾收割不久，本来粮食应该充足，可孩子却饿死了。自己家不交租税，不服兵役，还惨到这步田地，那些穷苦无业和长年戍边的人家，又该是怎样的痛苦呢？

杜甫的眉头越皱越紧，忧愁高过终南山，弥漫到整个天下。

可他却想不出来，这个国家的出路在哪里。

狼狈逃难

755年冬天，安史之乱爆发了。

安禄山仗着唐玄宗的恩宠，大肆扩张势力，准备了十来年，天下人都看出他要谋反，连大奸臣杨国忠也不断在唐玄宗面前告状："这个安禄山，肯定要造反了。"当然啦，杨国忠告安禄山谋反，只不过是争风吃醋罢了。

但唐玄宗却觉得，安禄山是数一数二的忠臣，或者说，安禄山是在东北的一条守门犬，所以压根儿就不信。杨国忠便想了个蠢主意，要把安禄山逼反，以证实自己的英明。他派了人马，围住安禄山在长安的住宅，逮捕了他的门客，然后全部处死，并得意洋洋地想："哼，我看你反不反！"

安禄山果然非常震怒，加上他确实也早就计划着造反，现在机会来了，就联合史思明，组成了一支十五万的大军，号称二十万，于755年十一月，从范阳（约在今北京、天津一带）杀了过来。当然，他也有个很好的借口，就是要清除奸臣杨国忠。要说，这口号还是很得人心的。

杨国忠得知安禄山造反，非常高兴，心想机会来了，安禄山离死期不远了。他对唐玄宗说："我早知道他要反，但谋反的，只是一个安禄山，将士们是被迫的。我想，顶多十天半个月，他的脑袋就被送来了。"唐玄宗听了，转忧为喜，就发布命令，让名将高仙芝和封常清招募士

忧国诗圣杜甫

兵，去进行抵抗。说完，他又和杨贵妃去华清宫泡温泉了。

没想到，中原的州府很久不打仗，将士们根本没有上阵经验，别说排兵布阵，连耍刀弄枪都很生疏，所以根本没有抵抗力，就算高、封二将有天大的本领，也无济于事。安禄山的军团一路势如破竹，才两个月工夫，就攻陷了东都洛阳，直逼潼关。而过了潼关，就是都城长安。

这下子，唐玄宗惊呆了。而那个糊涂蛋杨国忠呢，把脖子一缩，躲了起来。幸亏安禄山没什么大出息，刚攻下洛阳，就急不可耐地登基了，自封为大燕皇帝，上上下下都喜气洋洋，所以一时半会儿就顾不上进攻潼关了。

潼关之战，就拖到了第二年。

756年年初，杜甫将家人从长安移到奉先，五月，又迁到陕西省白水县，寄住在舅舅崔顼（xū）家。白水离潼关也不算远，所以大家都惶惶不安。

杜甫却说："潼关有哥舒翰，是我朝数一数二的名将，我的好朋友高适、严武也很能干，此刻也在他的军帐里。他们今年正月刚打退过叛军，现在手下又有二十万大军，足够守住潼关了。等长安集结了各地的勤王之师，再反攻叛军，收复失地，指日可待。"

当然啦，杜甫虽然这样说，但心里也是担忧的。因为高仙芝、封常清都被安禄山打败了，哥舒翰能创造奇迹吗？

有时候，杜甫爬到山上，往东南方眺望。恍惚中，他似乎看到了远处的华山。夕阳西下，云霞和山峰都被映红了，远处的河流也闪闪发亮。他想到华山下面，就是哥舒翰镇守的潼关，想到那里士兵盔明甲亮，摩拳擦掌，心里就非常激动，觉得眼前的霞光，都是雄壮的兵气，河水的闪亮，都是剑影刀光。

但杜甫的判断并不正确。哥舒翰这时疾病缠身，昏庸无能，失去了以往的能力。监军李大宜完全是个废物，整天饮酒赌博，还弄了些歌妓来军营里弹奏琵琶。而士兵们常常吃不上饭，哪有什么战斗力呢？

到了756年的六月，因为杨国忠的一再催促，哥舒翰只好率军出了潼关，去与叛军决战。结果才三天工夫，二十万人的军队全面溃散，潼关失守，各地官员纷纷逃窜，白水县自然也就沦陷了。

对于局势的迅速变坏，杜甫觉得非常吃惊，所以仓皇之间，也来不及准备，就带着家人，开始了悲惨的逃亡生涯。

流亡的队伍是如此庞大，大家像一群躲避洪水的老鼠一样，往北方逃窜。人人争先恐后，生怕被叛军追上。哭泣声、惊叫声，响彻了云霄。杜甫一大家子人，卷在人流之中，也难免会被冲散。

今天的陕西潼关黄河风景带

53

忧国诗圣杜甫

这样赶了几天路，杜甫已经筋疲力尽，一个不小心，陷入了路旁野草丛中的深坑里，再也爬不出来，大声喊叫，也没人来救，连代步的牲口都被抢走了。幸亏他同行的表侄王砅(lì)骑马走了十来里后，忽然找不到杜甫，于是一边喊，一边往回找，终于在草丛里，将杜甫拉了上来。

王砅看杜甫浑身是泥，还有瘀伤，又累又饿，根本赶不了路，就让他骑上马，自己则是一手拿着刀，一手牵着马，警惕着身后的追兵，又要小心路边的泥坑，好不容易逃脱了危险。

杜甫对这个表侄真是万分感激，连连说："要不是你，今天我准是死了。"一直到十几年后，他再次遇到王砅，还写诗表示感谢。

杜甫终于找到了妻子和孩子，一番哭泣之后，继续往北赶路。他们和王砅分开了，没有车马，全都只能步行，饿到不行的时候，就厚着脸皮，向人讨点饭菜。

绕过彭衙(在陕西渭南白水县东北六十里，即现在的彭衙堡)古城时，已经是夜晚。月光照着荒山，听得见几声鸟鸣。原先一同流亡的人散入荒山后，就见不到了。月光之下，只有杜甫一家子，在荒山里凄惨地赶路。

杜甫怀里的女儿饿得受不了，就哇哇直哭。但杜甫怕她的哭声招来虎狼，就用手捂着她的嘴，不让她哭出声。可女儿毕竟太小，还不懂事，在怀里奋力挣扎，哭声反倒更大了。杜甫的儿子宗文年龄大些，勉强掩饰着心里的害怕，采集路边的野果子，哄着妹妹吃，让她别哭。可你想啊，要是这果子好吃，早就被逃难的人摘光了呀。妹妹吃着，觉得难以下咽，就哭得更厉害了。

但前面的路似乎无穷无尽，过了几天，雷雨连绵不绝，真是雪上加霜。道路变得泥泞不堪，有时一天走不了几里。又没有雨具，衣服全部被淋湿，虽然是六月，但也冻得不行，只好在树枝底下躲躲雨，可又有什么用呢？除了受冻，还挨着饿，他们唯一能吃上的食物，就是路边的一些野果。

　　就这样历尽千辛万苦，杜甫一行终于来到鄜（Fū）州（今陕西富县）附近的同家洼。这里有杜甫的朋友孙宰。当杜甫在夜色里敲开了孙宰的家门时，几乎像是从地狱来到了天堂。

　　孙宰点起了灯，打开了房门，见到了杜甫一家老小的狼狈模样，立刻接了进去，给他们烧了热水洗脚。同时还不忘按照当时的风俗，剪了些纸条，给他们招魂。两家妻子也见了面，倾诉了一路的艰难。说着话时，孙宰已预备好了丰盛的晚餐。杜甫的几个孩子累得早已睡熟了，此时也被叫醒，美美地饱餐了一顿。吃完了饭，孙宰又腾出自己的房间，让杜甫一家子安睡。

　　杜甫的心里热乎乎的，感激得说不出话来。孙宰却说："我们都是兄弟，又何必客气呢。"

　　杜甫一家在同家洼休息了几天，继续往北赶路。经过三川（今属陕西富县）时，眼前的场景，又让他们惊呆了。

　　原来接连的暴雨，引发了大洪水，把平地都淹没了，只有山顶露在水面上。天上电闪雷鸣，暴雨不断。山坳里激流浊黄，波涛汹涌，把悬崖冲垮了，把树木冲倒了，四处发出了鬼哭狼嚎般的咆哮声，让人心惊胆战。而树木和沙石堵住了水口，洪水无法排泄，像一群龙蛇被困在这里，不断兴风作浪。

忧国诗圣杜甫

杜甫在暴雨里行进，洪水不时漫过腰际，觉得天已经塌了，海水已经倒灌了，天下的局势也就是这样了罢。

他们陷入了极大的恐慌之中。

又不知过了多久，杜甫一家才走过洪水泛滥的三川地区，来到了鄜州，把家安在了城北的羌村，总算安顿了下来。但杜甫毕竟不是胆小贪生之辈，他看到了国家的危难，加上官职在身，就坐立不安，想要有所作为。

在逃难途中，杜甫陆续听说，唐玄宗逃到马嵬坡时，士兵觉得窝囊，就发动兵变，把杨国忠和杨贵妃都处死了，发泄了心头之恨，这才保着皇帝逃到成都。而太子李亨来到甘肃灵武，在朔方军的拥护下，自立为皇帝，接受了不到三十位官员的朝拜，遥尊唐玄宗为太上皇，开始组织军队，重用了郭子仪、李光弼等名将，进行了有效的反攻。

杜甫看到了国家的希望，心里很激动，就在八月里告别家人，独自一个人往北而去，想投奔灵武。没想到走到半道上，就被叛军给抓住，推推搡搡地押送到了长安。而这时，鄜州也被叛军占领，唉，杜甫一家历尽千辛万苦，还是没能逃离叛军的魔爪。

困居长安

一轮秋月高挂天际。长安城经受着战乱。白天胡人烧杀抢掠，血流满街，到了夜晚，渐渐变得宁静了，只是偶尔能听到隐隐的抽泣声。那是有人在街头偷偷烧纸，为惨死的亲人送行。

杜甫自从被擒之后，困在长安，幸喜官职微小，名声不大，而且未老先衰，其貌不扬，并没有被严格控制，倒也还能自由走动。但他心里无比焦虑。此时鄜州也被胡人攻陷，家人生死不明，自己也前途未卜。尤其对着天宇间的明月，他觉得格外孤独，也格外想念家人。

他想到妻子的温柔，孩子的乖巧，又想到胡人的残忍，弯刀上的血腥，不由地心惊肉跳。

杜甫的妻子姓杨，是司农少卿杨怡之女，知书达理，温柔娴淑，跟着杜甫，不但没享过福，倒承担着穷困的折磨、丧子的悲痛，还有战乱的奔波，虽然才三十出头，但日子艰难，早已消磨得容颜憔悴了。杜甫在以往的诗里，不是写"瘦妻"，就是"老妻"，而只有此时，他柔情百转，想到的是一个容颜俏丽，而且深情款款的妻子。

> 今夜鄜州月，闺中只独看。
>
> 遥怜小儿女，未解忆长安。
>
> 香雾云鬟湿，清辉玉臂寒。
>
> 何时倚虚幌，双照泪痕干。

——《月夜》

他不写自己思念妻子，倒写妻子思念他，正在鄜州的闺中看月。儿女太小，一团孩子气，还不懂得母亲为何思念长安。妻子是那么孤独，又那般美好，在月夜里站得久了，香雾润湿了云鬟，清辉让玉臂生寒。真是想念她哪，到底什么时候，两人才能重逢，倚靠在床帏上，在烛光中喜极而泣呢？

杜甫泪如雨下。他想妻子，也想自己的孩子，想着宗文的懂事、宗武的聪颖，也想自己远在安徽的妹妹，流落到山东的弟弟。烽火之中，骨肉分离，不知生死，怎不令人哀伤？此外，他们就算幸存，又拿什么维持生计？

他又想到，自己家这样，别人家又何尝不是如此呢？连尊贵的皇家子弟，现在也惨遭杀戮，处境还不如平常百姓。

几天前的一个傍晚，杜甫在一个墙角遇到一个年轻人，蓬头垢面，沿途乞讨。可杜甫仔细一看，他的脸虽脏，却看得出面容清秀，穿的袍子虽然破，却看得出是上等的材质，不由发问：

"你是谁家府上的？"

那年轻人一听这话，浑身发抖，用乱发遮住脸庞，使劲地磕头。

"请大爷收留我吧，让我做什么都行。"

杜甫已猜出几分了，拿出身上的干粮递给他，看他吃得狼吞虎咽，不由心里发酸。

"我要猜得没错，您是王府里的吧？别慌，我是朝廷里的，本想去投奔灵武，不想却被叛军抓到，困在了这儿。"

那年轻人吃了干粮，又看到杜甫还算可靠，心里有些安稳，就说起自己身世。果然，他是皇室子孙。六月九日，潼关失守，六月十二日，唐玄宗出逃，只偷偷带了杨贵妃姐妹，还有宫里的皇妃、皇子、公主、皇孙，外加宰相杨国忠、韦见素，以及几个亲近的太监。而皇宫外的亲王、公主、皇孙，全被抛弃了。七月十五日，叛军进入长安，杀害皇家子弟，随玄宗出逃的大臣的家眷也不能幸免。叛军的手段非常残忍，挖心、砍头、断肢，血流满街，又大肆抢劫金银珠宝，用骆驼运到范阳去。

"我是躲进荆棘丛里，幸免于难，白天不敢出来，晚上才来找点东西。你瞧瞧我，真是体无完肤啊。"

说到这里，年轻人抽泣起来。

杜甫暗自叹息，眼前的皇子皇孙，往日锦衣玉食，享尽富贵，现在天塌地陷，就沦为了乞丐。但他不忍心出言讥讽，而是安慰了他几句。

"您哪，得保重啊。虽然现在豺狼横行，皇室不振，可您知道，现在天子已传位，集合朔方军进行反攻。此外，回纥、吐蕃，都愿意助我们讨贼。天不灭唐朝，有祖宗神灵保佑，大唐必然可以中兴。"

杜甫的话，也是在安慰自己啊。

谁想，过了几天，战事接连失利的消息传到了长安。

唐肃宗任房琯（guǎn）为宰相。房琯是个读书人，但主动请缨，要求担任兵马大元帅，讨伐叛军，收复两京。他的话说得掷地有声，豪气冲天。肃宗被他感动，就让他率领中、北、南三路大军，浩浩荡荡，杀向长安。

可房琯写写诗还行，对于军事，只懂得纸上谈兵。十月份，他率领中军和北军，与叛将安守忠在长安附近的陈陶斜相遇。二十一日，他仿效古代的车战法，用牛车两千辆，骑兵步兵夹在当中，一起冲锋，本指望一下冲垮敌人阵地。可安守忠也不是吃素的，一看这架势，就让军队擂鼓、呐喊、敲打兵器，发出极大的噪音。拉车的牛本来都是耕地的，哪里见过这阵势？都被惊得掉头就跑，唐军顿时大乱，互相踩踏，死伤无数。叛军趁机纵火焚烧，大肆杀戮。好不容易募集的四万唐军几近覆没，只逃回了几千人。

叛军得了胜利，高唱凯歌，回到长安街头，杜甫看到他们刀锋箭芒上像被血洗过一样，痛苦得心都碎了。而长安市民也都暗暗朝着北方痛哭，希望官军再发精兵，早日取胜。

房琯不甘心失败，过了两天，又率南军出征，结果在青坂（今属陕西咸阳）再遭惨败，连副将们都投降了。杜甫写了首诗《悲青坂》，"焉得附书与我军，忍待明年莫仓卒"，希望唐军不要焦躁，先积蓄实力，来年有把握了再一举获胜。

正月里，叛军将领史思明、高秀岩合攻太原，往西挺进，威胁到唐肃宗的大本营彭原、凤翔一带。杜甫听到这个消息，又焦急万分，写作《塞芦子》，希望唐军能派一万士兵镇守芦子关，阻止叛军西进，显示出军事上的远见。

可他的建议，只能写在纸上，读给自己听，朝廷哪里听得到呢？不过，此时他诗歌的功能，已从叙事抒情、歌功颂德，扩大到可以奏事议事，也算是一大收获吧。

杜甫满腹忧愁，而又对时局无能为力，整个人都木了。渐渐地，时节转为隆冬，窗外乱云翻滚，狂风卷着急雪。室内炉中无火，冷如冰窟；壶中无酒，难以消愁。唐军屡败，兵荒马乱，杜甫再听不到家人消息，他能听到的，只有战士鬼魂的痛哭。他默默呆坐着，守着空炉子、空酒壶，百无聊赖，只在空中划着字：咄咄怪事。

唉，大唐何等强盛，可不到一年，就轰然倒塌。高仙芝、封常清、哥舒翰，以往都是常胜将军，可在叛军面前却一触即溃。好不容易等到官军反攻，谁知一败涂地，全军覆没。这些，可真是咄咄怪事啊。

杜甫就是这样身心悲凉地过着长安最寒冷的冬天。

来到皇帝身边

战乱中的长安城，居然还会有春天。

杜甫毕竟还算自由，只要沿路避开胡兵，偶尔还能到曲江边上走走。这里原先游人如织，现在却十分荒凉，看不见一个人影。那些亭台楼阁、宫殿花苑，无不是大门紧锁，枯叶堆积。杜甫走在这萧索的河边，不免回想起往日的繁华。

想当初，唐玄宗游幸曲江时，处处旌旗、华盖，流淌着富丽的色彩，让芙蓉园里的万物生辉。杨贵妃总是侍奉左右，更是雍容华贵，光艳照人。最精彩的是宫女们的表演，清一色的年轻美女，不穿红妆，却着一身英气的戎装，骑上毛色光亮的骏马，在曲江岸上往来奔驰，鼓乐声中弯弓搭箭，一声娇喝，仰天射落了双飞的大雁。

唉，这皇帝和贵妃，如今不也是被射落的双飞翼吗？杨贵妃的明眸皓齿，绝代容颜，如今又在哪里？马嵬坡前，血污之中，贵妃的花容月貌，化作一缕游魂，又能归往何处？皇帝逃往四川，贵妃长埋黄土，从此生死茫茫，怎能不令人伤感呢？

杜甫又想到了自己的命运，妻子、孩子都生死不明，只留他孑然一身。唉，这曲江的水还在无知无觉地流淌，这细柳菖蒲还在抽出新叶，桃李还在吐着蓓蕾，叶间的莺雀还在啼叫。可是，物是人非，往日的繁华，家人的温馨，还能回得来吗？

杜甫靠着一棵柳树，流下几滴浊泪，视野都模糊了，内心悲痛得让他有些恍惚，几乎是不加雕饰，就吟出一首诗：

> 国破山河在，城春草木深。
>
> 感时花溅泪，恨别鸟惊心。
>
> 烽火连三月，家书抵万金。
>
> 白头搔更短，浑欲不胜簪。

——《春望》

他一遍遍地读，哀伤得难以自已，就弯下腰去，要在河边痛哭一回。可这时忽然传来马蹄声，一队胡兵拍马而过，扬起了飞尘。他只好呜呜哽咽，将痛哭的声音吞回到肚子里去。他要回去了，可恍惚之中，居然分不清南北，胡乱走了一遭，离住所反而越来越远了。

幸亏，陆续有好消息传进长安。

"安禄山死了！"

消息是朋友偷偷告诉杜甫的。杜甫一时难以置信，听朋友说明了详情。原来安禄山起兵以后，眼睛越来越坏，脾气也越来越差，亲信随从没少挨揍，所以都愤愤不平。安禄山的儿子安庆绪也惶惶不安，生怕太子的位置被弟弟抢走。于是，安庆绪受人教唆，派人暗杀了安禄山。

"据说啊，动手的是一个叫李猪儿的，本来是安禄山的侍从，但怕惹恼安禄山丢了性命，听了安庆绪的话，就拿着刀直走进帐子里，一刀刺中安禄山的肥肚子，连肠子都淌出来了，那个真叫惨哟！安禄山眼睛看不见，只顾大喊：'是家贼，是家贼。'可外面安庆绪守着呢，谁敢进去？安禄山就这么死了。这种人，就是不得好死啊。"

杜甫听了，也觉得解恨。

好消息一个接着一个，安禄山一死，安庆绪登基，但镇守范阳的大将史思明不服他，靠着从洛阳、长安运去的金银珠宝，他招兵买马，手握重兵，实力越来越强大，就不再听从安庆绪调遣。叛军内部，越来越不和睦了。

同时，李光弼连连得胜，歼敌七万余。郭子仪的大军，已经屯扎在长安城西。沦陷的州府痛恨叛军的残暴，民众纷纷起兵，展开游击战，让叛军腹背受敌。

在这种情形下，被俘在洛阳的官吏偷偷逃回长安，陷在长安的人又偷偷走出长安，投奔凤翔。杜甫也想留着有用之身，去皇帝身边发挥作用，于是计划着逃跑。在朋友郑虔、赞公的帮助下，他于四月的一天走出城西的金光门，奔向凤翔。

这一路，真是九死一生啊。此时郭子仪的唐军与安守忠率领的叛军正在这一带对峙，双方都在摩拳擦掌，等待机会，准备大战一场。所以驿道上胡人往来不绝，运送着物资和人马。

杜甫这时可为难了。走驿路的话，难免遇险。不走驿路，又不能辨清方向。幸亏驿道两旁大树林立，枝叶繁茂，四月份野草也长，杜甫躲躲走走，偶尔钻进山林之间，时刻将心提在嗓子眼上，许多次都是生死悬于一刻，但一路都有惊无险。也不知走了多久，眼看兵马渐稀，远远又望见连绵起伏的群山，虽是初夏，但直插云霄的峰顶，还留有皓白的积雪。

"这大概是太白山了。"

杜甫心里一喜，因为太白山就在凤翔附近呢。可他再往前走，就困在了山岭之中，跌跌撞撞，终于找到一条大道，从山岭间穿行而过，又走了许多天，终于远远看到了凤翔的城池。

他这才如释重负，快活得要掉泪了，于是加快步伐，走进凤翔城门，正不知投奔哪里去。对面正好有一人骑马过来，打量了他许久，忽然喊了一声：

"子美兄！"

杜甫定睛一看，原来是太子府中的同事。他乡遇故人，杜甫激动万分。那人翻身下马，握住杜甫的双手，也十分欣喜。

"子美兄，你这是从哪里来啊。一年不见，你怎么瘦到这种地步？"

"困在长安一年，好不容易逃脱出来，一路仓皇逃窜，如丧家之犬，又怎能不又老又瘦呢？"

那人的脸上露出敬重而且怜悯的神色。

"啊，这兵荒马乱的，你就这么走来了？"

杜甫稍微说了路上的情况，就直奔主题。

"太子登基，我想立即去拜见哪。"

"走，我也正有事去禀告。"

但杜甫的脸上露出为难的表情。"可你看看我这样，不方便朝圣啊。"经过长途奔波，杜甫头发凌乱，脸上满是尘土，脚上的麻鞋已经磨透，衣袖也被荆棘勾破，露出了两肘。可他又没有多余的衣服可以更换。

那人却说："战乱时节，哪有这么些讲究。现在正是用人的时候，你来了，皇上肯定会委以重任。"

于是，杜甫就这样狼狈地走进临时宫殿，见到了唐肃宗。肃宗看他这个样子，也觉得忠勇可嘉，心里颇为感动。但委任他什么职位呢？管仪仗队的盔甲兵器，显然不太合适，但忽然提拔他，也找不到理由。为此，肃宗也费了些心思。

于是，杜甫闲散了近一个月，正觉得失望时，才得到任命。这一回，皇帝请他做左拾遗。所谓拾遗，就是"拾取遗漏"，专门规劝皇帝，举荐人才。杜甫一听，深感皇恩浩荡，不由痛哭流涕。虽说左拾遗的级别还是从八品，但职位很重要，他可以来到皇帝身边，出谋划策，针砭时弊，实现他"致君尧舜上，再使风俗淳"的理想了。

当杜甫穿戴整齐，清晨上朝去议事，看到文武百官济济一堂，慷慨激昂，勃勃有生机。他又感动了，觉得这是唐朝中兴的气象。他身处其中，自然十分骄傲。

仗义执言

杜甫兢兢业业地做起左拾遗来，今天给皇帝指个毛病，明天给皇帝提条建议。性格耿直的他，其实并不太懂得人情世故，哪里应付得了官场争斗？很快，他就卷入了一场政治漩涡里。

我们之前说过，房琯曾率军出征，结果接连大败。但因为他是唐玄宗的重臣，唐肃宗刚即位，根基不稳，要用他来收买人心，吸引旧臣来投，所以并不治他的罪。

房琯军事上失利，政治上失宠，又受到另一派官员的攻击，就有些自暴自弃，虽然还当着宰相，但经常请病假，和朋友们在家里讨论佛教的出世和道家的无为。同时，他又喜欢鼓琴，和著名琴师董庭兰交情很好，于是引出了一段疑案。

这董庭兰年过六旬，长于琴艺，仙风道骨，举止闲雅，高适曾写"莫愁前路无知己，天下谁人不知君"相送，足见他的声望。他与房琯交情深厚，于是引发了一种传言，据说朝官要想拜会宰相，必须向他行贿，他因此十分富裕。

房琯的政敌将这件事添油加醋后，禀告给肃宗。肃宗这时皇位已坐得安稳，对房琯的夸夸其谈也颇为不满，就将他贬为太子少师，不再拥有实权。

杜甫这时才做了十来天的左拾遗，就遇到这官场上的地震。他和

忧国诗圣杜甫

房琯是布衣之交，认为不该因为琴师受贿，就贬房琯的官。于是他践行了拾遗的职责，不顾危险，上疏为房琯说话："犯罪的是门客董庭兰，不是房琯，不能因小罪而贬大臣。"

他哪里知道，房琯事件，表面是琴师纳贿，其内在根源却是唐玄宗和唐肃宗父子在争权。唐肃宗一直害怕父皇夺权，拼命培养亲信，房琯作为玄宗的旧臣，用来装装门面还可以，可老在他眼前晃悠，当然让肃宗讨厌。董庭兰事件，不过是导火线罢了。

所以杜甫的上疏，无异于火上浇油。唐肃宗勃然大怒，也不顾念杜甫的忠勇，就大动干戈，让刑部、御史台、大理寺一同审理，要严办杜甫。这在当时，算得上是超强阵容了。肃宗的意思，大概是想要杜甫的命。

幸好，朝中明事理的贤臣还不少。审讯之后，御史大夫韦涉就对肃宗说，杜甫虽然言语狂妄，但不失谏官的体统。继而宰相张镐也上书搭救，说了些好话。肃宗这才平息了雷霆之怒。杜甫逃脱了大难，但从此也被皇帝疏远了。

杜甫来之不易的政治生涯，刚刚开了头，就基本宣告结束了。

然而杜甫依然倔强。他心不服，口也不服，在给皇帝的谢恩信上，絮絮叨叨地说：

"房琯少年成名，后来学问精纯，拥有大臣的德行，当时大家都认为他能当宰相，现在陛下英明，果然让他做了宰相。他心忧社稷，只是行为稍有放肆。只可惜董庭兰作为门客，做了坏事，把他也玷污了。我怜惜他事业未成，意志受挫，希望陛下不要因为小事而责难他，所以冒死进谏，不想言语过激，惹您生气了。您宽宏大量，赦免了我，这不仅是我的幸运,也是天下的幸运。"

这段话,怎么读都是别扭的。一方面是感谢肃宗赦免,另一方面又并不认为自己做错了。他就是这样单纯而耿直,虽然让肃宗不喜欢,但在他自己,也并不怎么后悔。后来他写了一首诗《义鹘(hú)行》,字里行间都透出把疏救房琯视作侠义行为的意思。

那已经是第二年,长安已被收复,杜甫在长安附近的滿(yù)水边,听到樵夫讲了一则故事。

樵夫说,在那边的山崖顶上,住着两只苍鹰,养了一窝小鹰。一天,雄鹰远远地出去觅食,一条硕大的白蛇悄悄游进鹰巢。雌鹰奋力抗争,但力气太小,斗不过。白蛇就将小鹰都吃尽了。雄鹰从西边飞回来,一看这等惨状,立刻翻身飞去长空。过不多时,一只猛鹘破空而来,一路上,它听了雄鹰的哭诉,怒不可遏,发出极尖厉的长鸣,猛然冲向白蛇,用铁翅劈打蛇头,用利爪狠抓蛇身。那白蛇抵挡不住,遍体鳞伤,从山崖上坠落,摔得肠子都裂开,尾巴动弹了一阵,就死在崖底了。那猛鹘见白蛇已死,一振翅,又飞入了云间。

杜甫听了,十分感叹:"这猛鹘是真侠士啊。急人所难,见义勇为,并且功成身退,真是光明磊落!"

回来后,他便写下《义鹘行》,用来激励壮士的侠肝义胆。或许,他在写作时,脑子里也会闪现出自己家族里的侠义行为。

他的先祖杜叔毗(pí)是个大孝子,兄长被人杀害,就在大白天手刃仇人,然后从容自首,等待一死。在当时,家族观念深入人心,如果有人为了给亲人报仇而慷慨赴死,就会成为美谈。

他的叔父杜并也曾有类似的事迹。武后时,杜审言被贬为吉州司户参军，被他的同僚吉州司马周季重陷害，关进牢狱。这时杜并刚刚十六岁，看到父亲遭到这样的不幸，就茶饭不思，忍辱负重，决心要为父报仇。有一天，趁周季重在家大摆筵席，杜并偷偷进去，乘其不备，将匕首插进仇人的胸膛。杜并自己也当场被打死。周季重临死时说："原来杜审言有这样的大孝子，我不该陷害他啊。"于是，杜审言被释放，回到洛阳。亲友们听了这个故事，都被感动，称赞杜并是孝童，许多名士替他写墓志铭和祭文，以歌颂表彰他的事迹。

为父兄报仇，已经被人称赞，为朋友两肋插刀，品质当然更是高贵。

杜甫受这种精神的影响，不惜牺牲自己的前途，也要仗义执言，这也是他精神的可贵之处。当然，政治上的不识时务，也注定他不能在政治上有所作为。他那副热心肠，也只好浸泡在怀才不遇的酸楚里。

劫后重逢

757年闰八月，四十六岁的杜甫担任左拾遗才三个多月，就被唐肃宗放了长假，让他回家去探视妻子。这不是唐肃宗体恤下属，而是觉得他磨磨叽叽，有些讨厌。这也足见肃宗并非一个听得进逆耳忠言的英明皇帝。

不过，放假就放假吧，疏远就疏远吧，杜甫到底得了一个回乡探亲的机会。他当初困在长安时，曾托人给鄜州家里捎过信，但什么回音也没有。后来他听说，鄜州那一带兵连祸结，叛军杀人杀红了眼，连鸡狗都不放过，听到这些后，杜甫就更加提心吊胆。

"家里那间漏雨的茅屋还在吗？我的老妻啊，你还会靠在门边，等着我回来吗？"他一念及此，就泪如雨下。有时，他难免会往最坏处想："叛军一过，非但鸡狗留不住，连门前松树都被摧折，那家人还能幸免吗？万一……估计是尸骨都沉入黄土了……"

那段时间，他既期待家书来报平安，又害怕家书带来噩耗，真是无比煎熬。

杜甫来到凤翔后不久，他拜托送信的人终于带来消息，妻子安好，也还住在旧居。他心里一下子石头落地，兴奋之余，也动过回家的念头。只是，杜甫向来是责任至上的，自己身负官职，国家又在紧要时刻，他哪能甩手离开呢？

忧国诗圣杜甫

现在皇帝让回家，那就回家吧。可他穷困潦倒，战局吃紧，连朝服都置办不起，更谈不上马匹了。而从凤翔到鄜州，足足有六百五十多里，他靠双脚又怎么走得到呢？

因为战争需要，所有马匹都充入军队了。杜甫没有办法，只好穿一身青衣，雇了个仆人，在闰八月初一，走出凤翔的城门，满怀惆怅地徒步往北，踏上了漫漫征途。一路上，他行走在满目疮痍的大地上，四处的村落都荒无人烟，所遇见的，不是伤兵，就是难民，让他触目惊心。

走到邠（Bīn）州（今陕西彬县、长武、旬邑、永寿四县）时，山高路险，更加难走。他只好拉下脸来，写了首诗给镇守邠州的李嗣业，希望得到一匹马。诗写得很动人：

青袍朝士最困者，白头拾遗徒步归。

人生交契无老少，论交何必先同调。

妻子山中哭向天，须公枥（马厩）上追风骠（骏马）。

——《徒步归行》

话说得真切而可怜，李嗣业果然拨给他一匹马。有了坐骑，杜甫行进得快了许多，心情也愉悦了不少，居然在怪石巨岩之间，还能发现一些美景，给旅程增添几分趣味。

正是秋天，菊花如繁星点点，白云逍遥自在。在山道里走，两边野果累累，或红如丹砂，或黑如点漆，在雨水滋润之下，有的甜，有的苦，都结成果实，也算不虚度春秋了。杜甫由此想到自己年近半百，事业上一无所成，竟还不如这些野果，心里就有些惆怅。

又走了许多天，景物一点点熟悉起来。这证明，他们已到达鄜州境内，上回逃难的经历，一点点清晰地浮现眼前，就引起了无限的感慨。杜甫还给当初接济他们的孙宰写了首诗，表达自己的感激与思念。

眼看着羌村快到了，天却下起雨来，本来应该找个地方躲避的，但杜甫心里欢快，忍不住拍马向前，仆人在后面追赶不及。过一道山岭时，杜甫已到了山下的水边，仆人才刚到山顶，像是站在潮湿的树梢上呢。

到了羌村时，雨过天晴，空中堆着高峻的云朵，镶了赤红色的边，日光穿透云层，放射出万道金光。

到了柴门外，马蹄声惊动了枝头的鸟雀，叽叽喳喳叫个不停。门前一个妇人正端着木盆，听到声响，回过头来，仔细打量了来客，竟然呆住了，手里的木盆掉到了地上，嘴角颤抖着，往屋里去叫：

"熊儿，骥子，快……快出来，你们的爹……爹回来了。"

才说了这句话，眼泪扑簌簌地落下来。

宗文和宗武，还有三个女孩，从黑暗的屋里冲出来。

陕西富县羌村的杜公窑，是杜甫在羌村躲避战乱时居住的地方。

"爹，爹在哪儿呢？"

杜甫翻身下马，快步向几个孩子迎过去。这还是他的孩子吗？一年前，一个个还是雪白粉嫩的，可现在呢，一脸的泥垢，衣服上满是补丁，裤子只能遮住膝盖，脚上没穿袜子，脏兮兮地踩在泥沙里。他们对着眼前的白发老人，只是怯生生地看，不敢走上前。这年宗文八岁，毕竟年长一些，认出了爹，就背过脸去哭了。

杜甫看到自己的孩子这样可怜，能不心疼吗？他一把将几个孩子都搂在怀里，哭得泪眼模糊。

五岁的宗武带着哭音说："爹，他们都说你死了，我就没有爹了。你怎么才回来呀？"

杜甫哽咽地亲着他的小脏脸："爹没死，以后咱们再不分开了。"

杜甫的到来，把满村人都惊动了。院子边的矮墙外围满了人，大伙儿看到他死里逃生，一家人痛哭流涕，也都纷纷垂泪感叹。

杜甫一家谢过村人，走进茅屋。几个小孩和爹熟悉了，这个揪揪爹的胡子，那个坐在爹的腿上，生怕爹还像一年前那样，说走就走了。"爹，你都去哪儿了？""爹，外面还打仗吗？""爹，我们什么时候回老家啊？""爹……"五张小嘴巴，叽叽呱呱不停地发问。杜甫哪里回答得过来，但只要抱住几个孩子，摸着他们的小脸蛋，心里就无比幸福了。过了好久，他想到了一件事情。

"你们等一等，爹还给你们带好东西了。"

孩子们顿时来了兴趣，眼睛都盯着爹带来的大包袱。

杜甫当了几个月官，虽说依然穷困，但到底有了一点俸禄，买了些日用品。他一样样地拿出来。

"这是被子，这是帐子，晚上可以用起来。这个是陀螺、熊儿、骥子，你们拿去玩吧。还有这些，是给你们娘的……"

女儿把一盒胭脂抢过去。

"爹，这是什么？"

"给你娘。"

杨氏在一旁含泪微笑着看，接过了胭脂、妆粉、眉笔，细心地梳洗了一番，抹上胭脂，脸上顿时光洁了。女儿们看到了，都大呼小叫，也让母亲给她们梳头，自己则拿起胭脂和眉笔，有模有样地画起来。她们哪会化妆啊，一会儿工夫，就将脸抹得猴屁股似的，眉毛画得又黑又粗，逗得全家人哈哈大笑。

这间破旧的草屋里，第一次充满了欢声笑语。

这时，屋外群鸡咯咯咯乱叫，外面有人来了，吵吵嚷嚷，将鸡赶上树木，这才响起敲门声。

杜甫开门一看，来的是村里的几个老人，都提着酒壶和食盒，来看望他了。杜甫赶紧将老人们让进屋子里，安排坐下了，又吩咐杨氏去做些下酒菜。

老人们赶紧摇手。

"不用，不用，拾遗老爷，我们都带了。"

说着，就从食盒里拿出几碟菜，不过是花生、黄瓜之类。又将各家的酒壶都摆上桌子，满满地倒了几杯。

一位老人说："拾遗老爷，乡下日子过得艰难，没什么像样的酒食，您多包涵啊。"

杜甫面对老人家淳朴又深厚的情谊，心里十分温暖。

"老人家，这是哪里话，你们的深情，我杜甫感激不尽呢。"

他们听杜甫说这一年的艰难经历，又听他说外面的局势，都是感慨不已，不停地劝酒，喝完一壶，又喝另一壶。这些酒都是自家酿的，有的清澈，有的浑浊，但都不太醇厚。

杜甫就问起了年景。

老人们都摇头叹息："要说起来吧，这一年也算是风调雨顺，照理呢，该有个好收成。可现在外头都在打仗，咱们村别说青壮年了，连十五六岁的孩子，也都被征去当兵了。现在村里啊，只剩下我们这些老头子。老胳膊老腿的，能耕几亩地呢？唉，田地可就撂荒了，哪里还谈什么收成啊！"

杜甫心里沉重之余，又受了感动。他知道，乡下人粮食有限，总要先填饱肚子，多余的才拿来酿酒。所以，这些酒虽然粗劣，但肯定来之不易，留着待客，自己是舍不得喝的。

杜甫又举起了酒杯。

"我杜甫一无钱财，二无美酒，没什么感谢各位，就做一首诗，唱给大家听吧。"那时候，酒席上吟诗，是非常高雅的礼节。老人们哪里见过这阵势？都有些受宠若惊了。杜甫就定了定神，将刚才的见闻，写成朴实的诗句，一行行吟下来。

> 群鸡正乱叫，客至鸡斗争。
>
> 驱鸡上树木，始闻叩柴荆。
>
> 父老四五人，问我久远行。
>
> 手中各有携，倾榼（kē，酒器）浊复清。
>
> 莫辞酒味薄，黍地无人耕。

兵革既未息，儿童尽东征。

请为父老歌，艰难愧深情。

——《羌村三首》其三

老人们听到这里，也想起了各自的忧愁：孩子出征在外，不知生死如何；自己晚年凄凉，儿子不在身边，不知谁来赡养。而杜甫呢，除了想到生计问题，还想到唐朝的中兴大业。大家各怀心事，触动伤处，不由地都落泪了。

于是，杜甫又加了一句：

歌罢仰天叹，四座泪纵横。

夜晚，将乡亲们送走之后，孩子们也入睡了，杜甫和妻子在烛光下默默相对，感觉恍恍惚惚，像在做梦。他们各自诉说着离别后的遭遇，不免又掉了几串眼泪。杜甫吟起那首动人的《月夜》，让杨氏依偎得更加紧密。最后，他们说到了未来的计划。

"一同去凤翔吧，战乱年代，一家人就得在一起。"

忧国诗圣杜甫

逐出长安

　　杜甫到了羌村，也许是旅途劳顿，也许是水土不服，上吐下泻，生了几天病。不过，有杨氏精心伺候，儿女绕床玩耍，粮食也还充足，他心里是快活的，过了几天安生日子。到了九月，就听到了外面传来的好消息。

　　广平王李俶（chù）率领着朔方军，加上盟友回纥、吐蕃的援军，一共十五万，号称二十万大军，从凤翔直扑长安。这是房琯兵败之后唐军最强大的反攻。

　　杜甫一听，心花怒放，觉得这回叛军是锅中之鱼、穴中之蚁，哪能挡住唐军的烈火呢？他甚至已看到两京收复，群臣簇拥着皇帝回京的情景。两京的老百姓受尽了胡人的凌辱，听到这个好消息，都纷纷把金钗银钏卖掉，换成酒肉，迎接王师归来。

　　这回杜甫预料得正确，没过几天，唐军在香积寺北打败胡人，收复了长安。十月，唐军势如破竹，又收复了洛阳。唐肃宗回到长安，又迎接太上皇唐玄宗回京。十一月，杜甫带领着家眷，也来到长安，继续担任左拾遗。

　　表面上看起来，唐朝接连取胜，叛军节节败退，形势一片大好。但因为唐肃宗本人的缺点，埋下了不少祸根。

　　在收复两京之前，大臣李泌对唐肃宗说："现在郭子仪、李光弼在山西牵制住了叛军，凤翔又集结了十五万大军，接下来皇上准备怎样做？"唐肃宗说："先收复两京。"李泌不同意："在臣看来，应该挥师东北，进攻范阳，直捣叛军巢穴。范阳一破，长安、洛阳即为孤城，不费吹灰之力便可收复。这是釜底抽薪之计啊。"但唐肃宗鼠目寸光，他当初继承皇位，有点名不正言不顺，所以他太需要一场胜利来赢得民心了。而收复两京，比收复范阳更具中兴的气象。但结果呢，两京的确收复得挺快，但叛军主力未灭，仍然嚣张跋扈，到处横冲直撞。两年之后，洛阳又被史思明占领，使得叛乱又多持续了五年，让国家承受了更多的损失。

此外，唐肃宗和父亲也相处得不好。他收复两京，去迎接父亲唐玄宗回来时，仪式办得很隆重，还假惺惺地穿上紫袍，把黄袍献给玄宗，表示自己重新做太子。唐玄宗呢，也是个聪明人，知道儿子收复两京，得了民心，自己却昏庸地引发了叛乱，当然不能接受龙袍，只说自己年事已高，回京只图养老。两人做出父亲慈爱、儿子孝顺的样子。可唐肃宗心胸狭隘，当他看到父亲站在兴庆宫的城楼上，接受老百姓的跪拜，有时候还接见外臣，就不放心了。当太监李辅国假传圣旨，让玄宗住到深宫里去，唐肃宗也装聋作哑，还暗暗开始清除唐玄宗的旧臣，免得他们发动政变，重新把玄宗请出来。要知道，唐玄宗可是政变高手啊。

而李辅国一看假传圣旨都没事，就更加放肆了，最后势力之大，连唐肃宗都怕他。从此以后，宦官权势熏天，后来的唐朝皇帝，基本上都是宦官所立，要是他们看皇帝不顺眼，就会直接杀掉，另立一个，把政权把玩在手掌之中，完全没了体统。

在这样的皇帝手下，杜甫这样既正直又较真的人，是得不到重用的。他来到长安后，穿着朝服，待在皇上身边，想起以前在长安困顿

忧国诗圣杜甫

十年，求得不就是这个机会吗？他当然觉得珍惜。而且，端午节时，还能得到皇帝赏赐的细葛宫衣；皇帝祭拜九庙，他也能陪同，心里的确感到荣耀。所以他也干得认真，有时在门下省值夜班，因为明天有密奏，所以晚上都不敢睡，生怕错过上朝的时间。

然而另一方面，他又觉得壮志难酬，陷在小小的官位里，动弹不得，更感到时光飞逝，功名不立。幸好此时，王维、岑参、严武等人，也都同朝为官，平常写诗唱和，排解寂寞。严武这时三十二岁，职位却远高于杜甫，是京兆少尹兼御史中丞，相当于长安市长。因为杜甫与他父亲严挺之是朋友，虽然他是上司，杜甫也当他是晚辈。严武心胸开阔，所以也不在意。

然而，杜甫毕竟太穷，买不起马，有时想去访友，因为路途遥远，只能作罢。而且，长安满地是官。他怕路上遇见上司，当着大家的面儿，卑躬屈膝，没有尊严，实在也让他难堪。

他觉得，自己的天地越来越狭窄了。而他这时写的诗，不是写一点朝廷的威仪，就是写自己那点小委屈，看不到前几年那种大气象了。

有时，杜甫走到曲江边，看到春光明媚，想到自己的一生，心里不是滋味：

> 一片花飞减却春，风飘万点正愁人。
>
> 且看欲尽花经眼，莫厌伤多酒入唇。
>
> 江上小堂巢翡翠，苑边高冢卧麒麟。
>
> 细推物理须行乐，何用浮名绊此身。
>
> ——《曲江二首（其一）》

飞谢一片春花，便减少了一层春色。何况风吹落红无数，岂不更加愁煞人呢？唉，春光多么美，又多么脆弱啊。眼看着春花快要谢光了，自己年轻时的志向，也渐渐凋落了。既然这样，也就不用怕酒喝多了伤人，而只想借酒消愁。再看看江边那些堂屋，原先住着达官贵人，如今是静寂无人，翠鸟都在那里搭巢了。花园边高大的坟冢前，横倒竖卧着石雕的麒麟。里面的人，也曾有过荣光，如今只是一堆朽骨，坟墓坏了，也没有子孙来修整。要是仔细推敲事物的原理，什么建功立业，什么宏大志向，到头来还不是虚无一片，又有什么意思？说到底啊，还是及时行乐好啊。功名荣华，都是浮云而已，稍纵即逝，何必受它的羁绊？

杜甫就是这样喝酒打发时光的。

但很快，又有一个变故，改变了他的生活。

这年六月，房琯又被贬官了。理由列了几条：说他性格刚愎自用，不用严谨之人，偏喜欢用夸夸其谈之辈；又说他工作不认真，老是请病假，整天和严武等人勾勾搭搭，钻来钻去，不做正经事。当然，最严重的，就是他打败仗，断送了五六万士兵。罪状是很充分的，而且，因为房琯是唐玄宗的人，唐肃宗将他清理出去，也是早晚的事儿。

于是，房琯被贬为邠州刺史。他的"同党"严武被贬为巴州（今四川巴中一带）刺史。连和他多有交往的大云经寺僧人赞公，也被放逐到秦州（今甘肃天水一带）。后来杜甫流浪秦州，就得到过赞公的帮助呢。

杜甫呢，房琯罢相时就曾出言相救，当然被视为同党，于是也被贬为华州（今陕西华县一带）司功参军，管理祭祀、礼乐、学校、选举之类。华州，就在华山脚下，山高林密，冬冷夏热，并不是好地方。

　　杜甫离开长安了，不能陪伴皇帝周围，内心当然很凄凉。而且，具有讽刺意味的是，他去年逃出长安时，走的是金光门，这回被逐出京城，走的依然是金光门。于是，他写了一首诗。

　　　　此道昔归顺，西郊胡正繁。

　　　　至今残破胆，应有未招魂。

　　　　近侍归京邑，移官岂至尊。

　　　　无才日衰老，驻马望千门。

　　——《至德二载，甫自京金光门出，间道归凤翔。乾元初从左拾遗移华州掾与亲故别，因出此门，有悲往事》

　　当初从长安去凤翔时，西边胡人正在肆虐，但自己奋不顾身，要投奔皇帝。到现在想起来，心里还觉胆寒，好像还有魂魄没被招回。我作为皇帝的近臣，回到京城，如今又移官到华州，这都不怪皇帝。那怪谁呢，只能怪自己无才无能，才得不到重用。唉，我日渐衰老了，这一去，不知何时才能回来。想到这里，内心惆怅难言，就停下马来，远远望着再也进不去的宫门。

　　杜甫感到，他的青春、梦想，都像浮云一样，越飘越远了。

　　的确，他这一去，四处飘零，历尽艰难，再也没能回到长安。

创作巅峰："三吏三别"

这一年"秋老虎"来得厉害，虽说是七月了，但整个州府像个蒸笼。杜甫白天热得饭都吃不下，苍蝇又多，嘤嘤嗡嗡，惹人心烦；晚上家里都有蝎子出没，让他胆战心惊，不敢入睡。

他当着司功参军，官儿不大，事儿不少，连绵不绝的文书要他看，都是鸡毛蒜皮的小事，但总也干不完。杜甫是诗人，自命清高，哪里干得了这工作？不免心烦气躁，想要大喊大叫一番。看看远处华山的青松和丘壑，真想去那里避避暑气，可又哪有时间呢？

话虽如此，杜甫毕竟是个负责的人。他在任上，写了《进灭残寇形势图状》，分析敌我形势，讨论唐军该怎样避实击虚，剿灭困在相州（今河南安阳附近）的胡人；他掌握着考试，所以写了《乾元元年华州试进士策问五首》，让考生们思索赋税、交通、币制等实际问题。从这些公文里，我们可以看到杜甫的军事政治才能。

这样干了半年，就到了冬天，他回洛阳去看望家乡父老。恰在此时，郭子仪、李光弼、王思礼等九节度使集合六十万大军，围攻盘踞在相州的安庆绪叛军，本来有望一举攻克，平定战乱。可唐肃宗毕竟是个心胸狭窄的君主，他既害怕叛军，也害怕手底下的节度使，生怕他们手握重兵，平乱后又成为第二个安禄山，就不给大军设一个主帅，以便互相有个牵制。所以，六十万大军群龙无首，互相观望，以致久攻不克。这一来，就延误了战机。唐军一来缺了粮，二来呢，史思明来救援，于是军心涣散。

三月的一天，六十万唐军在相州城外与史思明的五万精兵决战，正杀得难分难解时，忽然刮起了大风，卷起黄沙，拔起大树，一时间天昏地暗。两军都被吓坏了，各自溃散。这一仗，唐军损失惨重。史思明损失较少，一路追击，反而取得胜利。郭子仪带着残余的朔方军回守洛阳。其余的节度使则带着残兵各自回去。朝廷为了扭转战局，就四处征兵，闹得人心惶惶。

杜甫从洛阳回华州，就碰到了兵荒马乱，亲眼看到了老百姓在战乱中的痛苦生活。

杜甫走到新安城外，听到前面有喧闹声，仔细一看，是县吏正在点兵。而他们点的兵，分明都是些孩子。

他向前去问："借问一下，你们县里，就没有成丁吗？"按照当时的制度，男子满二十三岁称为成丁，才能服兵役。

县吏看到杜甫年老，又是当官的模样，也不敢怠慢，回答说：

"昨天上头下命令了，成丁都征完了，现在只能征中男了。"所谓中男，就是十八岁以上的男子，当时的人发育晚，十八岁还是孩子模样。

"可中男这么矮小，怎么守得住洛阳？"

县吏无言以对，只撂下一句："这是上头的意思。"就喊着话，催促着一群孩子进发了。

送行的父母哭成了泪人，眼巴巴地看着孩子离开，就像看着河水东流一样，再也不会回来。直到孩子们消失在弯道里，只留下一些尘土，他们还不肯离去。

杜甫心里也难受，但要想平定战乱，不征兵，又能怎么样？所以，他还是安慰了大家几句。

"乡亲们，别哭了，要是把泪哭干了，可就等不到孩子们凯旋了。前些天，我军攻打相州，原来指望着一举平定。谁知战局变化太快，我军溃散了。唉，怎么办呢？只好再征兵了。我听说啊，这次征的兵，就在洛阳一带驻扎，不上前线。干的活儿呢，就是挖挖壕沟，养养马，不费劲儿。更何况，咱们是正义之师，将军又爱兵如子。所以呢，大伙儿也收收泪。大家得相信郭仆射啊。"郭仆射，就是郭子仪。

再往前走，就路过了石壕村。天色已晚，杜甫就投宿在农家。半夜三更，忽然听到外面喊声四起。他猛地惊醒，以为是叛军杀过来了，急忙起来，往外一看，只见火把通明，几个县吏模样的人大声嚷嚷：

"征兵了！征兵了！"

杜甫投宿的那户人家，也就一个老头，一个老太，还有一个儿媳妇，奶着一个娃。那老头一听，赶紧窜到后院，翻墙逃走了。老太这才去开了门。县吏觉得门开得晚了，一脸怒色，嚷嚷声越发响了。

"你家还有男人吗？"

老太顿时悲从中来。

"哪儿还有男人啊。我家就三个儿子，全都去攻打相州了。前两天一个儿子捎信来，说另外俩儿子全战死了。你瞧瞧，我家哪还有男人啊？哦，还有一个未断奶的孙子。儿媳妇要喂奶，还没改嫁。真可怜她了，连条像样的下裙都没有……"

县吏也流露出一丝同情，忽然看到了一旁的杜甫。

"这不是你家男人吗？"

"这是投宿在我家的老爷，是朝廷命官。"

杜甫出示了官印，县吏便流露出一份敬意，语气不由软了下去。

"可你家……总得出个人啊。"

"那就我吧。"老太挺起腰来。

"你?"

"我这老太婆虽然年老体衰,但还可以跟你去前线,还能做做早饭。"

县吏想了一想,也只能这样去交差了。于是,老太就随着县吏走了,临行时,又看了看孙子,对儿媳妇交代了几句。

杜甫心里又是沉重,又是感动,哪里还睡得着。半夜里听见老头又翻墙回来了,躲在房间里偷偷地哭泣。唉,这年头,又有什么办法呢?

第二天,杜甫告别老头,来到了潼关,看到这里正在加固城墙,不由想到当年潼关大败,于是对潼关的小吏嘱咐了几句,让他们要谨慎守关,不要学哥舒翰那么轻敌。

一路上,杜甫听到许多,见到许多。他看到一对新婚夫妇,晚上结婚,早晨就分别了。新娘当然难过,甚至想追随丈夫从军。但她毕竟识大体,让丈夫努力从军,不要以她为念。杜甫又看到了一位老翁,子孙全部战死,但当他想到国家大事,就毅然扔掉拐杖,穿上盔甲,迈向战场,可又担心老妻衣服单薄,熬不过寒冬,内心矛盾重重。他还看到一位老兵,从相州战败回来,却发现家里满是荒草,村里人不是身死,就是逃难。当他背起锄头,要去重新耕种,却被县吏叫去服役。他无可奈何,只好安慰自己说:"毕竟是在本州服役,要是远行,哪里还回得来?"

杜甫一路看到这些人这些事,内心震动很大,就以诗歌的形式记录下来。这些诗,刚劲有力,朴实无华,这就是有名的"三吏三别"。

这组诗,就成了杜甫诗歌创作的最高峰。

弃官走秦州

　　759年夏天，杜甫回到华州，这里闹了旱灾，天上久不打雷，没有雨水滋润，良田里都飘起了黄埃。飞鸟被热死，游鱼被晒干，灾荒逐渐蔓延，物价开始飙升。靠杜甫的那点俸禄，根本养活不了家人。而且，他觉得司功参军这点小官，除了消磨时光，完全没有意义。因为他明白，唐肃宗害怕唐玄宗夺权，就将房琯压制下去，顺带着，也让他失去了政治前途。

　　既然如此，杜甫思前想后，终于下定决心，选择了辞官。

　　我们能想象，杜甫年轻时就以先祖杜预为榜样，以当官为人生正道，如今无奈地辞官，放弃了梦想，内心该是多么煎熬。但他歌颂一些古今的隐士，比如东汉不入州府的庞德公、东晋不为五斗米折腰的陶渊明、本朝上疏归隐的贺知章、终身不仕的孟浩然，以此来自我宽解。

　　杜甫弃官后，能去哪儿呢？长安物价高，住不起，也不愿意去。去洛阳？相州败后，洛阳再次卷入战火，不是个好去处。于是，他只能往西。恰好这时，他的一个侄子杜佐来信，说他在秦州（今甘肃天水）东柯谷盖了几间草堂，生活经营得不错，而且那里雨水充沛，粮食丰收，适合安居。

　　杜甫从杜佐的来信中得知，东柯谷山路曲折，林木繁茂，山谷里

忧国诗圣杜甫

藏着几十户人家，不会受到兵马骚扰，是个好地方。再看那些人家，藤蔓遮着屋瓦，流水映着绿竹，真是生活惬意。再说说庄稼吧，那里土地适合种粟米，向阳的山坡又适合种瓜，粮食是不用发愁的。杜甫看到这里，心里高兴，觉得那几乎是世外桃源，所以急切想去。

此外，他在长安时的老朋友赞公，因房琯案的牵连，也到了秦州，在西枝村（邻近东柯谷）挖了几座窑洞，也邀请杜甫前去。

杜甫迫于生计，就下定决心，带着家人，翻越了两千米高、山路九转、令人心怯胆寒的陇山，历尽艰难，终于抵达秦州，来到五十里的东柯谷，寄住在杜佐的草堂。

但寄人篱下的日子毕竟不好过，于是杜甫在赞公的陪同下，在西枝村寻找建立草堂的土地，但终因钱财有限，没有如愿，只好在秦州城里找个便宜的寓所住下。

杜甫一没当官，二不经商，三无存款，日子很快就陷入困顿。他寄信给杜佐，希望得到帮助。杜佐虽然是他侄子，也曾帮助过他，但日子一久，难免力不从心。

杜甫离开东柯谷时，杜佐答应过要送米来。谁想，杜甫等了好久，眼看要断粮，也没能等到，只好写信去催。可话又不能说得那么透，他就写了首含蓄的诗。

> 白露黄粱熟，分张素有期。
>
> 已应春得细，颇觉寄来迟。
>
> 味岂同金菊，香宜配绿葵。
>
> 老人他日爱，正想滑流匙。
>
> ——《佐还山后寄三首》（其二）

杜甫在诗里说："节气已经是白露了，黄粱米该成熟了。记得我们上回分别时，你曾答应要送米来。我知道，你没忘，而是很贴心，想把米舂得更细一点，所以就显得迟了。要说吧，这黄粱米要是与金菊同煮，再加一碗绿葵汤，那味道实在清香，是我老人家所喜爱的，现在一想起来，就情不自禁要去动汤匙了。"

　　杜甫就是这样陪着小心，委屈地依赖别人过日子，心情当然是痛苦的。于是他开始采药、卖药，想贴补一些家用。但亲友的帮助和卖药的所得，都不能解决生活上的困难。他有时都穷得只剩下一文钱了，也会写首诗来自嘲：

> 翠柏苦犹食，明霞高可餐。
>
> 世人共卤莽，吾道属艰难。
>
> 不爨井晨冻，无衣床夜寒。
>
> 囊空恐羞涩，留得一钱看。

——《空囊》

　　杜甫说，翠柏的果实，虽然苦，但还能下咽。早晨的云霞，虽然高，也想去采来充饥。世间之人哪，是非不分，唯利是图，苟且偷生。而我呢，不愿同流合污，要走正道，只好活得艰难。如今家里都揭不开锅了，床上被褥抵不住严寒。再看看我的钱袋子吧，瞧它那干瘪的窝囊样。算了，给它留一文钱吧，免得它太难堪。

　　杜甫的日子就苦到了这种程度。

　　在这种贫困寂寞之中，他特别需要朋友，于是给李白、郑虔、严武等人写诗，表达自己的思念。同时，他也关注时事。吐蕃靠近秦州，看大唐经历安史之乱，起先还出兵平叛，但看清了唐朝的底细后，就起

89

了野心，要来侵占土地了。杜甫为此非常着急，用诗写出烽火不绝、边境岌岌可危的实际情况。

杜甫在秦州住了不满四个月，衣食住行全没着落。正在走投无路的时候，同谷（今甘肃陇南）县宰写来了一封热情洋溢的信，说同谷县适合居住。那里田地中盛产山药，山崖上有甘甜的蜂蜜，竹林里有香脆的冬笋。杜甫读了信，心里十分热乎，觉得与这同谷县宰虽未见面，但情深意重，如同老朋友。于是，他决定到同谷去。

谁想，那同谷县宰光说不练，是个嘴把式，让杜甫陷入了平生最大的困苦之中。

同谷绝境

十月的一个夜晚，杜甫借着星月的微光，驾着马车，拖家带口，踩着被冻硬的道路，向同谷县进发了。他当初留在秦州，是希望国家平定战乱后，皇帝会召回旧臣，那他还有机会重回长安。但现在他迫于生计，不得不往南走，投奔同谷，离长安越来越远了。

刚出秦州时，道路还算平整，而一到赤谷，旅途就显出它的险恶来。抬眼看去，只见乱石阻道，山深林密，寒风刺骨，人马同时饥饿，而四周又荒无人烟，到哪里去找吃的呢？孩子们饿得哭起来，让杜甫听得心烦，不由感叹起身世悲凉来。他已年近半百，一无所成，想落叶归根都不行，还受着贫病交加、颠沛流离的罪。

再往前走，就到了铁堂峡（今属甘肃天水，是由陇入川要道）。起初道路狭窄，走不多时，眼前宽敞如堂屋，石壁都是铁青的。

"铁堂峡，真是名符其实啊。"

杜甫发着感慨，希望增加一点旅途的愉快。但山风穿峡而过，让人站立不稳，唇齿冻得冰凉，哪里还有心思去观赏风景呢？山路起伏曲折，有时走到高处，似乎能摸着天，碰到山顶的常年积雪；有时又下到谷底，要穿过浓密的竹丛，从山涧里的坚冰上走过，几乎把马骨都冻伤了，所以他们行进得十分缓慢。

可就算在这样的处境中，杜甫对国事民生也还是念念不忘。经过山中的盐井时，看到草木被熏得苍白，只有一股青烟从盐井中升起。这是盐民在煮盐。他就觉得新奇，歇息时就和盐民们聊些闲天。

盐民说："我们这儿的盐，颜色白，味道香，算得上是独一份儿。"

杜甫听了也高兴："那你们的收成怎么样？"

盐民一听，表情就黯淡下去。"我们是替官家制盐，这些盐按官价，是一斗三百文。可商人转手一卖，一斗六百文，获得一倍的利润。我们只挣几个辛苦钱，连盐都吃不起，还谈什么收成。"

杜甫也知道，这些年物价飞涨，但真没想到，居然能涨到这种地步。他分明记得，天宝年间，盐价是每斗十文的，如今涨了六十倍，老百姓还怎么生活呢？

但杜甫又有什么办法，只能叹息一番，继续上路。这样走了十来天，就到了十一月初，经过寒峡时，气温更低，他们感觉到身上衣服的单薄，孩子们难免抱怨。

杜甫就说："想想那些当兵的吧，扛着刀戟，顶风冒雪，不知什么时候就丧了命。咱们一辈子免兵役，这趟路虽然难走，但总胜过上战场吧。"

话虽这样说，但旅途艰辛，难免让人觉得凄凉。所以当他们到了法镜寺（位于甘肃西和县北），看到那儿的美景，心境就难得地愉悦了一会儿。

寺院外种满翠竹，新雨一过，就洗得碧绿鲜净。四周那样安静，竹叶轻轻飘落，伴有丝竹之声。溪水曲折环绕，淙淙不绝。松林含着雨，化作轻盈的白雾，遮住通红的朝阳，四周朦朦胧胧，都有别样的趣味。而法镜寺即便在战乱中，依然光灿鲜明，梵音不绝，让人心灵安静。

杜甫将家人安顿好，独自拄着拐杖，早晨走进山里，正午才出来，耳中灌满了杜鹃的啼声，感觉到一丝轻松。

他们停歇了一阵子，又得出发了。而这山路越往南走，就越是艰险。在青阳峡，他感觉溪对岸的巨石，几乎要滚落到他们头上来。而那里的山峰，似乎比华山、崆峒山还要高，还要险。当他们途经凿满石龛的岩壁时，居然还有猛兽出没，让他们心惊胆战。

> 熊罴咆我东，虎豹号我西。
> 我后鬼长啸，我前狨又啼。

>> ——《石龛》

在这样的地方，他们很希望遇到人，借以壮一壮胆。果然，他们在一个竹林茂密的地方，遇到一些村民。他们错落地分布在高山上，一边砍竹子，一边大声地哭泣。

杜甫就问一个路边人："你们为什么痛哭啊？"

那人回答："我们砍的竹子，都是拿来做箭杆的。现在战事吃紧，上头催我们也催得急。你瞧瞧，这满山的竹子，但凡是竿子直的，都被砍光了。现在我们交不了差，所以一伤心，就哭了。"

杜甫难免又牵挂起东边的战乱来，就在悲伤中翻过积草岭，走过泥功山下泥泞不堪的道路，他们一行人一个个滚成了泥人，才来到凤凰台。过了这儿，就是同谷县了。

杜甫一行在凤凰台下休息。杜甫观赏着四处的风景，又从"凤凰"两字展开了联想。

这高山上，兴许有一只失去母亲的雏凤，饿得啾啾叫。那他就甘

忧国诗圣杜甫

愿牺牲自己,把心当作"竹实",把血当作"醴泉",喂养这只瑞鸟。一旦它长大了,展翅高翔,口衔瑞图,飞入长安,完成中兴大业,就能洗去天下苍生的忧愁了。

怀着激励心志的美好理想,杜甫一行人终于到达同谷。可令他们万万没想到的是,那位县宰不但没来接待,连一点资助都没提供。信里说的什么山药啊,蜂蜜啊,冬笋啊,全成了泡影。

杜甫本来是满怀希望来投奔的,现在却扑了个空,沮丧之情可想而知。这县宰估计是个小人,仰慕杜甫的名声,就写一封热情洋溢的信,其实只是客套话,漂亮话,类似于满大街对人说:"有空到我们家吃饭。"

没想到杜甫性情淳朴,居然真的携妻带子,跨越群山,来到了同谷。县宰当然十分意外,可又无心救济,就只好玩了失踪。

这回,杜甫真是焦头烂额,苦不堪言。他在同谷没有亲友,又能怎么办呢?他东打听,西打听,终于租了个便宜的破房子,好歹暂时安置下来了。这破房子在哪儿呢?同谷县十公里外有个飞龙峡,飞龙峡下有个飞龙瀑,飞龙瀑旁有个凤凰台,凤凰台下有个凤凰村。他的破房子就在凤凰村。光听听这些地名,不是万丈深渊,就是悬崖峭壁,适合观光猎奇,但哪里适合种植庄稼呢?没有粮食,又怎么适合穷困潦倒的杜甫一家居住呢?

但杜甫往四周一看,觉得景色清幽,远离尘嚣,似乎也适合隐居。那么,既来之,则安之,兴许日子还能有起色呢。他内心里,或许还期待着那县宰只是临时出门,过两天就回来了。

然而,他没等来县宰,却等来了狂风暴雪。他们全家就在严冬时节断了粮。杜甫没有办法，顶着风雪，走到山谷里去，拾捡橡果、栗子，又去雪地里挖黄精。他披头散发，没心思整理，身上的衣服又破又小，扯了又扯，还是遮不住小腿，皮肤就被冻裂了，手脚全都冻麻了。可就算这样，他还是时常两手空空地回来，远远地就听到屋子里家人饿得呻吟，心里就别提有多难过了。

邻居们看到他们的痛苦，也都深感惆怅，可大家都困难，除了偶尔送点腌菜、山药，又能帮什么忙呢？山谷里还住着杜甫的旧相识，是一位贫寒的儒生，偶尔与他谈起长安时的往事，尤其是献"三大赋"时的光荣。杜甫悲哀极了，感叹说："男子汉大丈夫，还没建功立业，成就不朽名声，就已经年老了。唉，老就老了吧，还又饥又饿，走了三年的荒山道。我这辈子，唉——"

其实，他在这一年，生活虽陷入绝境，但他的创作却达到了巅峰，"三吏三别"、在秦州写的感怀诗和山水诗，都是诗歌史上的佳作。

但诗歌并不能充当食粮，于是，他们住不到一个月，于十二月一日，又整理好行装，黯然出发，走向成都。这一路上，他们的艰辛又超过上一回。毕竟，蜀道之难，难于上青天，连飞鸟猿猴，看着高入云霄的山壁心里都发憷，更何况是人呢？

但杜甫没有退路了，他们又花费了半个月，翻过木皮岭，渡过水会渡，走过飞仙阁和龙门阁浮在云层里的栈道，穿过巍峨的剑门关，最后双脚发抖地爬上鹿头山，放眼一望，终于看到一片平整的沃野。

富庶又和平的成都，终于到了。

那么，等待杜甫的，又将是怎样的命运呢？

95

忧国诗圣杜甫

明代黄向坚所绘《剑门图》

杜甫从同谷到成都，途经剑门关，写作《剑门》一诗，描绘雄关层嶂，当中有"连山抱西南，石角皆北向""一夫怒临关，百万未可傍"的诗句，可与此画参看。

修建成都草堂

杜甫到达成都时，已是759年岁末，暂时住在西郊外的浣花溪寺里。过完了年，他在浣花溪畔找到一块荒地，开辟了一亩大的地方，在一棵两百年树龄的楠木下，准备盖一座茅屋。

可他哪来的资金呢？

这时的成都尹兼剑南西川节度使是裴冕，虽然这人为了求官，不惜趋炎附势，人品不算高尚，但与杜甫是旧相识。杜甫还没到成都，就写去一首诗，恭维裴冕是国家的柱石，有他镇守成都，真是蜀人之幸。

但裴冕似乎并没有什么表示。幸好，杜甫在成都的亲友众多。高适在成都附近的彭州任刺史，及时送来了钱粮。表弟王十五跨过野桥，送来了建筑费，让杜甫十分感动，希望表弟常来常往，宽解他离乡背井的悲哀。

此后，杜甫四处写诗求助，向萧实要了一百根桃树秧，向韦续索取了绵竹县的绵竹，向何邕讨了三年成荫的桤（qī）木，又亲自去徐卿家中，搬回了一捆果木秧。此外，他听说大邑的瓷碗又轻又坚实，就写诗给韦班，取了一大撂白瓷碗。

就这样，在众人的帮衬下，经历两三个月，暮春时节，草堂建成了。

四川成都杜甫草堂

这草堂，位于碧鸡坊石笋街外，南边是万里桥，北面是百花潭，往西走几步，便是浣花溪，站在北窗，可以望见常年积雪的西岭。杜甫又在草堂四周种满了花木，很快就百花盛开了。

此后，杜甫又请画家韦偃在草堂东壁上画了两匹骏马。他看到王宰的山水画十分精彩，大概也要了几幅，挂在草堂之中。现在，草堂内外，都充满了优雅的气息。

杜甫在这乱世中流离了四年，好不容易安顿了一个新家，心境变得宁静宽和。抬眼望去，处处都那么可爱，桤木栽成了小树林，遮住直射的阳光，叶子被风一吹，就轻轻吟唱起来。绵竹丛里，弥漫着的雾气凝成露珠，轻轻地从叶梢滴落。乌鸦携带着雏鸟，在树荫里栖息。燕子在屋檐下筑起了新巢，整天呢喃作语。

这时他写了许多田园诗，优美宁静，与秦州和同谷时的诗相比，真如经过大风浪后，来到一处百花幽谷，听着溪水潺潺，清风微微，让人心境舒缓而悠闲。

锦里烟尘外，江村八九家。

圆荷浮小叶，细麦落轻花。

卜宅从兹老，为农去国赊。

远惭勾漏令，不得问丹砂。

——《为农》

杜甫说，成都城里多烟尘，多喧嚣，而浣花溪畔是幽静的，只有江村里八九户人家。圆荷浮着小叶，细麦落着轻花，处处赏心悦目。他有意在此终老。只是远离国都，身无官职，没有俸禄，只能亲自务农，种植庄稼和草药，因而不能像勾漏县令葛洪那样，去炼丹成仙了。

他心里永远挂念着国事，刚到成都不久，就去武侯祠，拜访了诸葛亮的遗迹。他对这位鞠躬尽瘁、功高盖世的伟人极其仰慕，但又感慨自己怀才不遇，难免泪流满襟。

幸喜，草堂里时常有朋友来访，他就在自己菜地里，采一些鲜嫩的菜芽去招待。而四邻里，有退休的县令，有风雅的隐士，有卖文为生的酒徒，还有淳朴的农民。杜甫与他们朝夕相处，内心是宁静的。他偶尔也会出门访友，甚至走到青城、蜀州，与朋友喝醉了酒，就随意地打发时光。

夏天里，江水安稳地流淌，村子里宁静清幽。燕子自来自去，鸥鸟相亲相近。孩子把针敲弯，做成钓钩，跑去江里钓鱼。而他的妻子杨氏呢，劳碌半辈子，现在终于能享受几天安详的日子了，就焕发了童趣，拿纸画个棋盘，与杜甫下起了围棋。有时来了兴致，趁着夏日晴好，夫妻二人携带茶水、甘蔗汁，坐上小舟，看孩子们在江水里快活地扎猛子。

忧国诗圣杜甫

明代周臣所绘《柴门送客图》

此画取杜甫《南邻》中"白沙翠竹江村暮，相送柴门月色新"的意境，描绘杜甫拜访南邻后，主客二人分别时依依不舍的情景。

日子就一天天过下去。但这平静的生活却没有坚实的经济基础，所以时常翻起一些风浪。杜甫家里人多，养着两个儿子，三个女儿，大约还雇着几个仆人，光靠地里的那点收入，并不能维持生计。他还是要依赖官员朋友们的资助，一旦救济不及时，难免会全家挨饿，陷入困境。

> 万里桥西一草堂，百花潭水即沧浪。
>
> 风含翠筱娟娟净，雨浥红蕖冉冉香。
>
> 厚禄故人书断绝，恒饥稚子色凄凉。
>
> 欲填沟壑惟疏放，自笑狂夫老更狂。
>
> ——《狂夫》

这首诗表达的情绪颇为微妙，他先是说，草堂位于万里桥西，百花潭清幽迷人，是他心中的"沧浪"。所谓沧浪，用的是个典故，"沧浪之水清兮，可以濯我缨；沧浪之水浊兮，可以濯我足"，意思是说，不管沧浪之水清还是浊，都顺其自然，无欲无求。"沧浪"就是适合归隐之地。在他眼里，风中的翠竹美好洁净，雨里的红莲润泽含香，这是生活富足、内心闲静的人才有的雅趣。

其实，这时经常资助他的朋友，连书信都断绝了，更谈不上资助。孩子们时常挨饿，面带饥色，实在可怜。可他处于如此困境中，却流连风景，丰神潇洒，于是就嘲笑自己，都快饿死扔沟里了，还疏狂放浪，真是越老越像个狂人。

转眼又是761年的春天，杜甫走在浣花溪边，看到黄四娘家的桃花，一时心动，写了首诗：

> 黄四娘家花满蹊（小路），千朵万朵压枝低。
>
> 留连戏蝶时时舞，自在娇莺恰恰啼。
>
> ——《江畔独步寻花》（其六）

当他看到风吹花落，就觉得心疼，又写了一首：

> 不是爱花即肯死，只恐花尽老相催。
>
> 繁枝容易纷纷落，嫩蕊商量细细开。
>
> ——《江畔独步寻花》（其七）

然而，到了这年四月，成都也不平静了。梓州（今四川东北部三台县）副史段子璋造反，自称梁王，赶走了绵州（今四川绵阳）的东川节度使李奂。这时的成都尹兼西川节度使是崔光远，他率牙将花敬定去平息叛乱。花敬定是员勇将，很快斩杀了段子璋，他自己觉得功劳很大，就得意忘形，放纵属下在东川大肆抢掠。士兵们抢红了眼，看到女子戴有金银手镯，就将手腕割断去夺手镯，乱杀了上千人，闹得人心惶惶。

杜甫听闻这个事情，就写了两首诗，先是以《戏作花卿歌》歌颂他平定叛乱的功劳，又写《赠花卿》讽刺他的不合规矩，宴会时常常演奏朝廷的音乐：

> 锦城丝管日纷纷，半入江风半入云。
>
> 此曲只应天上有，人间能得几回闻。

杜甫隐含的意思是，这曲子虽然美妙绝伦，但属于天子所有，臣子又怎能演奏呢？但杜甫写得过于含蓄，以至于花敬定认为，这是在恭维他，能让大家享受天上的音乐。

杜甫的心情又抑郁了。原本平静的成都，也渐渐陷入混乱。而此时，东边的李光弼被史思明打败，丢了河阳。洛阳一时半会儿还收不回来。

就在这年秋天，狂风大作，江翻石走，他门前亭亭如车盖的大楠木被连根拔起，倒在榛棘之中，压坏了药圃，让他极为感伤。而屋顶的茅草被风卷走，家里整夜漏雨，更让他倍感忧虑，便唱出了著名的《茅屋为秋风所破歌》：

八月秋高风怒号，卷我屋上三重茅。

茅飞渡江洒江郊，高者挂罥长林梢，下者飘转沉塘坳。

南村群童欺我老无力，忍能对面为盗贼，

公然抱茅入竹去，唇焦口燥呼不得！归来倚杖自叹息。

这是诗的第一段，写明狂风怒号，屋顶茅草被吹过浣花溪，或挂在树梢，或沉入池塘，最后又被对岸的孩子抱走了。杜甫的草堂来之不易，所以难免心疼，可他就算喊得唇焦口燥，也没有办法，只好回来唉声叹气。

　　俄顷风定云墨色，秋天漠漠向昏黑。

　　布衾多年冷似铁，娇儿恶卧踏里裂。

　　床头屋漏无干处，雨脚如麻未断绝。

到了傍晚，风停了，乌云密布，下起了雨。屋顶茅草稀疏，雨就漏进屋来，淅淅沥沥没个完，床头地上全都湿透了。家人睡在床上，被子用了多年，没钱换，棉花都结在一块，又被孩子蹬得裂开，盖在身上，就像盖了块铁，又硬又冷。在无眠的长夜里，杜甫的思绪越飘越远：

自经丧乱少睡眠，长夜沾湿何由彻？

安得广厦千万间，大庇天下寒士俱欢颜，风雨不动安如山！

呜呼！何时眼前突兀见此屋，吾庐独破受冻死亦足！

自从安史之乱开始，自己颠沛流离，惶惶不安，就没能睡个安稳觉。这种忧愁，让身处茅屋漏雨之夜的他更加难以入睡，似乎等不到天亮了。

但杜甫是个有大抱负、大气象的人，哀叹自己的遭遇后，忽然笔锋一转，由自己的受寒，想到了天下士子的苦难。他希望眼前忽然出现千万间广厦，风雨不动，让寒士们安居，得到欢颜。如果能那样，自己就算冻死，也心甘情愿。

杜甫的仁者情怀，在这冰冷的雨夜，真诚地流露，让万世感动。

103

忧国诗圣杜甫

与严武志同道合

春日的一天，五十一岁的杜甫分外高兴，吩咐家里人收拾好草堂，又亲自持着锄头，将小径上的杂草除尽，专等贵客的到来。

来客就是严武。去年段子璋叛乱，花敬定平乱后胡乱杀人，崔光远不能约束，朝廷大怒，派监军来问责。崔光远又惊又慌，就病死了。十二月，肃宗派严武来做成都尹兼西川节度使。

杜甫与严武之父严挺之便是好友，又曾与严武一起在朝廷任官，唱和诗歌，关系极好。严武一来成都，就写了首诗，邀请杜甫去他的府邸相会，也希望他不要归隐，出来做事。

而杜甫年长，又有一点傲骨，不愿给人趋炎附势的印象，就回了一首诗，说自己做左拾遗是滥竽充数，现在栖居江边，过的倒是真日子，并邀请严武来江边钓鱼。

严武性格潇洒，对乡野风景也很有兴趣，就接受了邀请，趁着公务闲暇，带了一小队人马，悠闲地走出成都，来到郊外，一路访花问柳，缓缓走到杜甫草堂边的野亭里。

杜甫非常高兴，盛情款待，既谈天下大事，又论诗文技巧。杜甫拿出在秦州时所做之诗，严武赞叹不已。而严武说起治理蜀中的规划，杜甫也深为感动，不由地想起先祖杜预的事业，就拿出了一篇文章，交给严武。

"这是我这几天写的文章，兴许有些用处。"

严武接过来一看，写的是《说旱》。大概是说，去年十月以来，蜀地连续干旱，按照迷信的说法，原因是有怨气堆积，希望严武能亲自审讯狱中的囚犯，除了该处以死刑的重犯之外，其余都释放。此外，蜀中百姓赋税太多，应当减轻。士兵家中有老父老母，赋税应该更轻，同时还要派遣官吏去慰问老人。如果能够这样，百姓怨气消了，老天一高兴，肯定就会降下甘霖。

严武点着头看完。

"深受启发。"

他将书札郑重地收好，又接着与杜甫喝酒，直至落日西沉，才尽兴而归。

又过了些天，就快到春社日了。杜甫出游，走在乡村里，春风拂面，花柳处处，实在觉得快活。一位老农夫看到杜甫，认出了他，就一把将他拉住，口里说道：

"拾遗老爷，来我家喝口酒吧。"

"啊呀老哥，这怎么使得？"

农夫红光满面，说道："我真要好好感谢您哪。"

"谢我？"

"您与府尹严大人不是好朋友吗？我感谢您，就等于感谢他了。"

说完，老农夫就不由分说地将杜甫按到院中的椅子上。旁边一个粗壮的年轻人，端着酒坛，在他面前的陶碗里，满满地倒上了新酒。

"拾遗大人，来！"

老农夫举起了碗。杜甫本来就好喝酒，一看这酒酒色醇厚，也就不推辞，仰起脖子，一饮而尽。几碗下肚后，脸红耳热，老农夫说："这严大人，可是个少有的好官啊。"

清代王时敏所绘《杜甫诗意图·山村春色》

此画题款为"花径不曾缘客扫，柴门今始为君开"，为杜甫《客至》中的诗句。

"此话怎讲呢？"

老农夫指着身边的年轻人。

"这是我的大儿子，是个弓弩手，在飞骑籍里长期服役，本难更替，但是前天竟得允了农忙假，回来帮我这老头子耕田。我们对严大人真是感激啊，以后要再有差事，我们绝不逃避了。"

杜甫非常高兴，前些天他给严武的建议，希望他能体察民情，果然奏效了。

老农夫越说越高兴，一看酒坛干了，又叫儿媳妇再取酒来，亲自给杜甫满上，口里说道："这酒是今年新酿的。"

老农夫的热情,让杜甫深深感动,看看时间渐晚,杜甫就准备回去。但他一起身,就被老农夫拉住。虽然不太礼貌,但杜甫并不介意,反倒觉得民风淳朴。

"拾遗大人,别客气,多喝点。"老农夫又朝后厨喊道:"快把栗子端上来啊。"

于是,撤了菜肴,端上了果品栗子。老农夫又不住地劝道:"拾遗大人,乡下没什么好吃的,这点栗子果品,都是自家种的,您尝尝。"

杜甫又吃了一些,眼看天色转暗,弦月上升,怕家里人牵挂,就说:

"老哥,我实在是要回去了。今天喝了几斗酒?"

"喝酒嘛,就图个痛快,一醉方休,管它喝了多少呢。"

杜甫哈哈大笑,觉得老农夫的性情,倒是很合他口味。

他走时,老农夫将他送出院门,还说:"今年的春社日,我们要大办一场,拾遗大人,您能住下来吗?"

老农夫的热情,让杜甫对严武也更有好感。不久,他受邀去严武的府尹厅看蜀中地图,又在城楼上看旌旗飘展、天阔地平,不由心潮澎湃,希望严武能一展宏图。

而严武对杜甫也极好,时常携带着酒菜,到草堂北面的竹林里用餐,将马匹都系在花边。当然,在钱粮方面的资助更不在话下,杜甫总算是衣食无忧。

但几个月后,情况就有了变化。四月,玄宗和肃宗相继去世,代宗即位,七月时,召严武入朝。杜甫恋恋不舍,一直送了三百里,在绵阳附近的奉济驿才与严武分别。照例,杜甫又写诗相赠。

107

108

远送从此别，青山空复情。

几时杯重把，昨夜月同行。

列郡讴歌惜，三朝出入荣。

江村独归处，寂寞养残生。

——《奉济驿重送严公四韵》

这首诗写得很伤感。送君千里，终有一别，我和青山一样，空有一腔深情，却无可奈何。昨夜我们还月下同行，今日却分别了，几时才能再次聚首呢？你一走，蜀中各郡都觉不舍，而一入朝，你就是三朝元老，真是无比荣光的大人物。可我呢，只能回到江村，寂寞地度过余生，想来好不凄凉啊。

当然，他对严武是勉励的，希望他一旦有机会登上宰相的位置，一定要为国为民，临危不惜舍生取义。而他自己，也动了一点心思。毕竟，房琯受肃宗打压，自己也受牵连。如今代宗继位，重用严武，那他或许也有重回长安的机会。

杜甫始终没有放弃自己的理想。

与高适产生裂痕

杜甫将严武送到绵阳，挥手告别后，成都却发生了件大事。

剑南兵马使徐知道眼瞅着严武不在，山中无老虎，猴子称大王，趁着成都空虚，竟然就在七月起兵造反，把严武的职位全加到自己身上，又派兵把剑阁守住，阻断中原入川的要道，不让援军进来，同时往西联络羌兵，以图增加战斗力。

这样一来，杜甫回不了成都，困在绵州；严武也出不了四川，困在巴州。幸亏高适当时担任蜀州刺史，立即发兵，击溃了徐知道的杂牌军。徐知道的部将李忠厚一看情况不妙，为了自保，就杀死了徐知道。但他和花敬定一样，自以为有功，在成都大肆杀戮依附过徐知道的军民，竟在满座谈笑之中，推杯换盏之间，一面奏着笙箫，一面用刑具杀人，直到血满长街。整个成都风云变色，百姓掩面痛哭。

四川一时陷入混乱之中。

杜甫在绵州听到这个消息，心急如焚，得不到草堂里家人的消息，又回不了成都，刚好梓州刺史李使君相邀，就往东来到梓州。

然而，徐知道的叛乱，影响很深远，梓州一带也很混乱。当杜甫奔赴梓州时，单人匹马走在山道上，看着天色渐晚，千山万水被晚霞染成赤红，黑暗的密林中群鸟乱叫，心里就开始惊慌。他慌的不是马匹受惊，堕落山崖，而是怕乱草中有强盗埋伏，若是忽然张弓射出一箭来，真让人猝不及防。这让他不由想到了开元年间，天下太平，走再远的路，也不必携带兵器。而如今呢，听说沿途强盗极多，大白天就做些杀人越货的勾当。可又有谁是天生做强盗的呢，那些手持长弓的贼人，原本是官军，是徐知道麾下的弓弩手，如今主将被杀，他们迫于生计才走上这条道的。

杜甫知道，这些年文官享乐，武官嚣张，百姓的税负不断加重，忍无可忍后，就铤而走险。军官叛乱，百姓造反，烧杀抢掠之事，时有发生。官军平叛之后，有功劳没纪律，也烧杀抢掠。外加吐蕃正虎视眈眈，四川的局面就越来越坏。

杜甫在嘉陵江畔，远离家人，身边也没什么朋友，心里非常寂寞。有时候对着寒江，往东遥望，长风吹着落叶，寒烟笼着江水，想到自己年老体衰，还在为生计奔波，活得毫无意义。于是，他很想买条船，从嘉陵江出发，一路往东，然后北上，去长安寻求机会，去洛阳回归故里，都强过老死在蜀中。

高适控制了成都，局势渐渐稳定。照理说，杜甫应该回成都，与家人团聚。而高适作为老朋友，肯定会资助他的生活。想当初，杜甫刚到四川，就曾给担任彭州刺史的高适写信要求帮助，言语之间，是老朋友才有的率直。高适邀请他去蜀州，并游览了蜀州名胜。段子璋叛乱时，高适代理成都尹两个月，也曾来到草堂，与杜甫开怀畅饮。

然而，这次杜甫却没有回成都，到了秋天，还将家人都接到梓州，这是非常奇怪的。

原来，杜甫这些年在成都，对川蜀地理非常熟悉。他又是好论天下大事的，难免会对高适指手画脚。

为此，我们大可设想这样一个场景。

那回高适在王抡的陪同下，来到草堂。好友相见，当然分外高兴。酒酣耳热后，杜甫就说："达夫兄，当年我说你当十年幕府，必然能做帅才，如今果然应验啊。剑南是我大唐西边门户，又沃野千里，其重要性不言而喻。而咱们西边的吐蕃，虽然经过和亲，成了大唐的外甥国，却一直有侵略中原的野心，不可不防啊。"

高适说："不错。"

杜甫说得激动起来："而吐蕃要想进犯，必然要突破川蜀西部的松州、维州、保州，所以应该加强这里的驻防。戍卒和粮草，都应该增加。"

高适听到这里，却大摇其头。

"不对，不对，子美，你可知道，这三州境内有一道岷山，高插云霄，终年白雪覆盖，山高路险，人马极难通过，更不用说运送粮草物资了。吐蕃人怎么会从那里过？子美啊，你想想看，要是在那儿驻军，粮草运送十分艰难，真是劳民伤财啊。"

杜甫一听就有些急眼，忙又争辩了几句。

"万一吐蕃从那里进攻呢？"

高适有些不耐烦了，就挥了挥手说："那三州真是一夫当关，万夫莫开，有目前的戍卒镇守，就算吐蕃进犯，也尽可应付了。"

杜甫多喝了点酒，加上眼前的是好朋友，言语就不客气了。他冷笑道："军国大事，岂可儿戏？"

高适也冷笑："军国大事，岂是腐儒能知道呢？"

旁边的王抡一看两人表情不对，赶紧打圆场："二位，二位，多年

111

不见，谈论什么军国大事，喝酒，喝酒！"

于是话题转为谈论诗文，高适、杜甫都是大诗人，当然互相佩服，很有共鸣，气氛顿时和谐了。然而，杜甫却失望了。他本希望在高适麾下做个谋士，一同经邦济世，但现在看来，也是没有机会了。他觉得高适不能赏识他，那就算能给他肥肉大酒，也不过是酒肉朋友。这不是杜甫想要的。

当然，这只是设想，或许并非真实。然而，有一点是肯定的，现在高适做了成都尹兼西川节度使，而杜甫却不回成都，留在了梓州。幸好梓州刺史章彝是严武部下，虽然为人凶悍，但对杜甫不错，时时照顾他。杜甫陪他赴宴，打猎，游山玩水，小心地侍奉着，换取一点生活的资费。

763年正月，唐军在河北战场上连连得胜。此前，史思明已被儿子史朝义杀死，而史朝义现在败走广阳，眼看着没了前途，心灰意冷，就在一棵树上吊死了，其部将一看，也都纷纷投降，延续八年之久的安史之乱终于宣告平息。

当杜甫在梓州听到这个好消息，真是欣喜若狂，走笔写下一首极快乐的诗：

> 剑外忽传收蓟北，初闻涕泪满衣裳。
>
> 却看妻子愁何在，漫卷诗书喜欲狂。
>
> 白日放歌须纵酒，青春作伴好还乡。
>
> 即从巴峡穿巫峡，便下襄阳向洛阳。
>
> ——《闻官军收河南河北》

这时，杜甫已经动了回洛阳的心思了，然而他没有旅费，所以继续在梓州等待机会。

天下的局势并没有随着安史之乱的平息而好转。事情正如杜甫所预料，回纥、吐蕃，趁着唐朝混乱，都想浑水摸鱼。就在763年初，吐蕃大举进犯，到了七月，将唐朝边境的各州，从北到南全都占领，并一路往东，于十月进入长安，将府库一抢而空。代宗仓皇之中，带领百官，狼狈地逃往陕州（今河南三门峡），而百姓也四处奔走。长安第二次陷落了。

高适在吐蕃进攻长安之前，本打算围魏救赵，进攻吐蕃南境，以解长安之危。不料打草惊蛇，吐蕃看准了虚实，十月，直扑防守稀松的松州，高适猝不及防，仓促应战，结果损兵折将，连连败退，十二月时，已丢失了松州、维州、保州，还有西山城，让成都大受震动。

杜甫听到这些消息，无比焦愁，写下几首苍凉悲壮的诗。

十月时，他听说松州被围，写了《警急》，希望高适凭借雄才大略，可以一举解围。当他听到松州失守，就写了《王命》，认为高适御敌无能，希望朝廷速派严武来。此后看到高适四处征兵，前往防守，又写了《征夫》，表现蜀中百姓的痛苦。

河北沧州名人植物
园的高适雕像

113

十室几人在，千山空自多。

路衢（qú）唯见哭，城市不闻歌。

漂梗无安地，衔枚有荷戈。

官军未通蜀，吾道竟如何。

诗中说，征夫阵亡者那么多，十户之中，没有几人存活。而蜀中有千座高山，有险而不能守，到底是谁的过错？言下之意，当然是在谴责高适。又说，如今我走在路上，到处听得到哭声，听不到歌声，可见百姓之苦。杜甫感觉自己像桃木偶一样，从长安漂到秦州，从秦州漂到成都，却没有一个平安居所，处处兵荒马乱，现在官军还没能到蜀地来增援，我又能到哪里去呢？

此时，他在阆（làng）州，受到阆州刺史的礼遇，代笔写了一份给皇帝的奏章，在文章里，他直言不讳，给朝廷出主意：要想守住巴蜀，上策是派亲王来镇守，中策是派懂谋略的重臣前来。而这个重臣，在杜甫心目中，显然就是严武。毫无疑问，当高适得到这个消息，内心自然是别扭的。

过了不久，在长安，大将郭子仪又一次力挽狂澜。他此前受奸人诬陷，被剥夺了官职，现在国难当头，他仓促受命，手里没一点军队，只好在秦岭一带收集散兵数千人，白天击鼓张旗，晚上多处燃火，用疑兵之计，让盘踞长安的吐蕃人没日没夜地担惊受怕。吐蕃人认为，郭子仪是天下名将，肯定有阴谋，又想，自己这回已抢够了，占着长安也没用，于是没过几天，就撤兵西去。十二月，代宗才回到了满目疮痍的长安。

外患暂时得到遏制。但杜甫更想离开梓州，要么回洛阳，要么去江南，总之，留在川蜀毫无意义。在章彝的筹划下，他凑足了旅费，于764春天来到阆州，准备从阆水入嘉陵江，到渝州（今重庆）再沿江东下。

正当他收拾好行装，准备出发，又一个消息传来。高适被召回朝廷，任刑部侍郎。而严武重新来到成都，担任成都尹兼剑南节度使，主持川蜀地区的防御。严武一到成都，立即写信，希望杜甫回去。

杜甫一听，欣喜之极，马上放弃东去的打算，带领家人回到了成都草堂。

而他和高适之间，难免出现了裂痕。从此之后，高适再没有给杜甫写过诗。杜甫倒写过几首诗去解释，但也没有收到回应。一年后，高适去世，杜甫想到了他们一生的交往，心中痛苦不已。

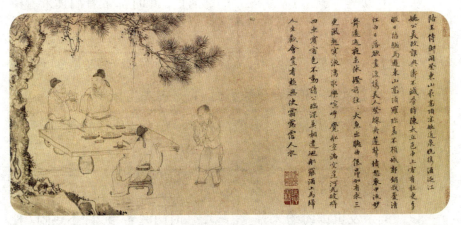

明代杜堇所绘《东山宴饮》

画中三人饮酒，其中一人为杜甫，旁有侍童执酒壶。杜甫在梓州通泉写作《陪王侍御同登东山最高顶，宴姚通泉，晚携酒泛江》一诗，当中有"东山高顶罗珍羞，下顾城郭销我忧。清江白日落欲尽，复携美人登彩舟"之句，正是此画的主题。

失去严武

　　杜甫远远地看到阔别近两年的草堂，竹林依旧，鸥鸟往来，心里的激动，让他和重归田园的陶渊明一样，要载欣载奔了。可草堂毕竟很久没人打理，药圃里杂草丛生，围栏都倾斜毁坏了。一推门，就听见悉悉索索逃窜着老鼠，再放眼看去，书卷上也满是灰尘。

　　以前养的那条狗，看到主人归来，顿时冲了过来，亲昵地贴在杜甫的袍子上，不住地蹭来蹭去。

　　"子美兄，一晃都快两年不见了。"

　　笑声中，原本与杜甫关系极好的邻居们，此时都带着酒食来看望他了。

　　小径上一人一马，飞奔而来，到草堂前翻身落地，原来是节度使麾下的亲兵，冲着杜甫一抱拳，单膝下跪，真是虎虎生风。

　　"府尹大人军务繁忙，不能亲自来，派我来问问，您还需要什么？"

　　杜甫心里很是温暖，感念着严武的体贴。

　　以往的亲友也都纷纷来草堂看望，一时门庭若市，好不热闹。杜甫资金充足，就将草堂翻修一新，又是凿井，又是开渠，准备长期住下去。趁着春和景明，没有衣食之忧，他享受了几天安宁的日子。

　　他一面说："迟日江山丽，春风花草香。泥融飞燕子，沙暖睡鸳鸯。"一面又说："江碧鸟逾白，山青花欲燃。今春看又过，何日是归年？"他还是念念不忘回洛阳呢，总觉得巴蜀虽好，但毕竟不是故乡。而一想到洛阳，就想到四处的战乱，心里难以平静。

不久，严武举荐他做节度使署中参谋，帮着出出主意。严武也知道，杜甫的志向不是做地方小吏，而是在中央当大官，所以特意给他在朝廷里挂职，做检校工部员外郎，这是个六品的官职。另外，还赐了一个荣誉勋章——绯鱼袋。

于是，杜甫离开草堂，住进节度使的官署之中。

他当初替阆州刺史写奏章时，希望派德高望重、文武双全的重臣来镇守剑南，现在一切如愿。他那一腔治国平天下的抱负，不能在皇帝身边实现，在节度使麾下完成，也是个不错的选择。当年高适年过百半投奔哥舒翰，先做掌书记，十年之后，就成了一方大员，主持西川的军政大事。他现在也不过是五十三岁，高适可以做到，他为什么不可以呢？

更何况，现在的节度使还是他的挚友严武。

所以，他满心想要大干一场。

四川成都杜甫草堂
中的杜甫雕像

严武要和吐蕃大战一场,收复失地,所以一上任,就整顿军队,训练士兵,试用新旗帜,并进行了一次大规模的检阅活动。杜甫看到军旗回旋招展,光彩闪耀,如同流星迸发,士兵军容整齐,气势磅礴,想到严武练就了雄壮的军队,马上可以收复失地,心中不由激动万分,也想要振作精神,有所作为,不再念叨着乘舟下三峡了。

到了七月,反攻的气氛越来越浓重了。严武指挥大军,来到西山前沿的边关,与吐蕃打了几仗,都得了胜利,收复了西山的滴博岭,战线往西推进。眼看着西山顶峰白雪闪耀,自己的队伍盔明甲亮,士气如虹,严武胸中不由慷慨激昂,念出了一首绝句:

> 昨日秋风入汉关,朔云边雪满西山。
>
> 更催飞将追骄虏,莫遣沙场匹马还。
>
> ——《军城早秋》

严武说得铿锵有力,英武逼人,发誓要将敌人全部歼灭。一旁的杜甫听了这样的壮志,也被打动,于是和了一首:

> 秋风袅袅动高旌,玉帐分弓射虏营。
>
> 已收滴博云间戍,更夺蓬婆雪外城。
>
> ——《奉和严公军城早秋》

杜甫说,秋风吹动着大旗,主帅分弓射退了敌人,现在收复了滴博,还要夺取雪岭之外的吐蕃蓬婆城。他对严武寄予极大的希望。

果然,严武用兵如神,九月时,大破吐蕃七万大军,攻克当狗城,收复盐川城,然后派兵一路追击,扩地数百里,让唐朝西陲得以安宁,立下大功。

杜甫在他的麾下,也是兢兢业业,写出《东西两川说》,谈论边疆的诸多问题，同时希望减轻税负，显示出他在政治军事方面的才能。严武对他也很不错，大破吐蕃之后，就领着他去北池眺望，在摩诃（móhē）池泛舟，同赏岷山画作，同时诗歌唱和，交情非常亲密。

然而，就在这黄金时间，杜甫却越来越觉苦闷，想要离开幕府。这很让人奇怪。

杜甫自己说，幕府里很受拘束，每天都是天刚亮就入府办公，夜晚才能出来。他身体又坏，坐久了就会四肢麻木，此外，偏头痛、肺病也时常发作。让他一个白发老人，穿着紧窄的军衣，整天在幕府里奔走，实在难以胜任。

此外，他又觉得，幕府里的同僚关系复杂，让他不能适应。那帮年轻人，对上司阿谀奉承，对同僚勾心斗角。杜甫心高气傲，哪里愿意和这些阳奉阴违的小人为伍？

于是，他一遍又一遍地想念草堂的绿竹和桃花了。

其实，他还有一个原因没有明说。他和严武看似亲密，但实际上相处时间一久，也有了些裂痕。

严武这个人，少年得志，也有军事才能，但性格非常粗暴。当初曾厚待过杜甫的章彝，因为一点小错，就被严武乱棍打死。虽说他那样做，是为了稳定局势，但手段未免毒辣。另外，他生活奢侈，一高兴，就能赏赐一百万钱。四川虽然富裕，但也经不起他这样折腾。赋税越来越高，老百姓就吃不消了。

这一点，让杜甫非常失望。

他在寂静的夜里，独自住在府中，看到井边梧桐冷冷清清，烛光抖抖索索，光线暗淡，同时听到长夜里的号角声，就像人的悲语。而天

119

忧国诗圣杜甫

上的一轮明月，虽然清亮美丽，谁又有心情抬头去看呢。他的心里越发凄凉了，想到了自己不幸的身世，战乱之中，四处漂泊，亲朋音书皆断，想要回故乡，一想到关塞零落萧条，行路十分艰难，就只能哀叹。唉，颠沛流离了十年，勉强暂借幕府偷安。可这样的日子，真的是自己想要的吗？他将这种心情，写在了诗里。

> 清秋幕府井梧寒，独宿江城蜡炬残。
>
> 永夜角声悲自语，中天月色好谁看？
>
> 风尘荏苒音书绝，关塞萧条行路难。
>
> 已忍伶俜十年事，强移栖息一枝安。
>
> ——《宿府》

显然，杜甫难以忍受。

于是，他一再给严武写诗，希望辞职回到草堂，去做个普通的农夫。到了765年正月三日，他终于如愿，回到了草堂，砍伐肆意乱长的恶竹，铲除有毒的杂草，还写诗邀请严武来草堂，就像当初严武刚来成都时一样。但或许是公务繁忙，或许是友情淡漠，严武并没有受邀而来。

四月，严武忽然暴病身亡，享年四十岁。

杜甫在成都失去了依靠，只好带领家人，在五月离开草堂，乘舟东下了。这时，他内心无比凄凉，觉得自己既老且病，余下的残生，只能如白鸥一般漂泊了。

这年，杜甫五十四岁。

好友相继故去

杜甫带着凄凉的心绪，沿着岷江，乘舟往东，经过嘉州（今四川乐山）——戎州（今四川宜宾）——渝州（今重庆）——忠州（今四川忠州），九月到了云安（今四川云阳），水路近八百公里。江上的湿气很重，让他的肺病和风痹一起发作，到了云安后，实在走不动了，就上岸来，在严县令的水阁中卧床一个冬天。

这一路，他们在千山之间泛着一叶小舟。微薄的旅资捉襟见肘，不仅去不了洛阳，连下吴越也艰难。白天小舟顺流而下，杜甫不知该投奔哪里；晚上把小舟系在江岸的石根下，江风吹着青枫，猿猴在山崖里悲啼。杜甫看着一轮孤月，又深受疾病折磨，心里觉得格外寂寞，难免想念自己一生的挚友。

这时，李白已去世两年。与他在齐赵间一同骑猎的苏预早已传来死讯。曾在长安时与他相濡以沫的郑虔，也已病死在台州。郑虔号称书、画、诗三绝，但一生潦倒，与杜甫同病相怜。安禄山破长安时，郑虔被俘，授水部郎中，他托病不就。等长安收复，肃宗回朝，就将他远远地贬到了台州（今浙江临海）做司户参军。杜甫十分伤心，觉得郑虔这一去，山高路远，定难重逢，于是写诗相赠，凄惨动人。如今两人各在天涯，杜甫忽然听到老友过世，更是老泪纵横，面对大江失声痛哭。

经过忠州时，恰好严武的棺椁（guǒ）途经这里。杜甫虽然曾对严武有一丝不满，但此刻回想起来，平生对他帮助最大的，就是这棺中之人。斯人已逝，以往的小小怨言，也都烟云飘散。杜甫去拜访了严武的母亲，想到严武的功业，以及二人相处的时光，又一次伤心欲绝，仿佛三峡都笼罩上凄凉的寒色。

而严武死后，其部下无人掌控，彼此攻击，酿成了大乱。郭英乂继任节度使，但暴戾骄横，很快被严武的部下崔旰（gàn）赶走，又被韩澄杀死。不久，另一些部下柏茂琳、杨子琳等又起兵讨伐崔旰。于是蜀中大乱，商旅断绝，吴盐不能入，蜀麻不能出。杜甫听到这些消息，连写了三首绝句。第一首写蜀中的纷争扰乱：

> 前年渝州杀刺史，今年开州杀刺史。
>
> 群盗相随剧虎狼，食人更肯留妻子？

第二首写蜀中百姓的流离失所：

> 二十一家同入蜀，惟残一人出骆谷。
>
> 自说二女啮臂时，回头却向秦云哭。

第三首写官兵虽然骁勇，但与羌兵一样残暴，烧杀抢掠，无所不为：

> 殿前兵马虽骁雄，纵暴略与羌浑同。
>
> 闻道杀人汉水上，妇女多在官军中。

这让杜甫更加明白了严武的分量，后来在纪念严武的诗里，将他比作诸葛亮，写道："公来雪山重，公去雪山轻。"

噩耗接二连三，高适又在长安死于任上。杜甫觉得好友陆续过世，好似秋风落叶，心里更感凄凉，觉得自己也难免步他们后尘。此时，他已是百病缠身，头风、肺病、疟疾、风痹，交相地折磨他，让他觉得自己年老疲惫，容颜衰朽。

这些情绪，都表露在《旅夜书怀》当中：

> 细草微风岸，危樯独夜舟。
>
> 星垂平野阔，月涌大江流。
>
> 名岂文章著，官应老病休。
>
> 飘飘何所似？天地一沙鸥。

杜甫说，世人都知道他在诗歌上的名声，又怎会知道，他也是个胸有韬略、腹有良谋的将相之才。他辞官，表面看来是因为老病，其实是才能无处施展罢了。他觉得自己飘飘于天地之间，就像一只渺小的沙鸥。

此时，他内心复杂，一面希望江水北折，带他回到北方的两京，回到朝廷，做些对社稷微小而有益的事情；而另一面，他又想念万里桥以西、百花潭以北的成都草堂，留恋在那里度过的时光。然而他翘首西望，只有一片茫茫，成都终究是回不去了。

有时他也会觉得途中无聊，就开点玩笑，说："听说云安有曲米春，是醇香的好酒，只饮一盏，就能让人沉醉呢。你们赶紧划船哪。"

而他果然滞留在云安，卧病一个寒冬。当他看到南方雪极稀极少，往往还没落地，就已融化，只在高山之上，才有一点薄雪，就更加怀念北方深厚的积雪了。

忧国诗圣杜甫

暂安夔州

在云安时，杜甫躺在病榻上，和妻子杨氏商量着日后的去处。

杜甫说："云安肯定是不能久居的。严县令虽说人还不错，但照顾得了我们一时，照顾不了一世。而且，云安荒江小县，怎么能安身呢？"

杨氏说："那回成都呢？朝廷新任的成都尹杜鸿渐，不是咱杜家的亲戚吗？"

杜甫摇了摇头："唉，此人才能不足，外不能抗击吐蕃，内不能安抚众将，成都不能回。"

杨氏说："那依然是去吴楚？"

杜甫沉默了，心里念着故土洛阳，但又怎么回得去呢。沉默了许久，他说："先去夔（Kuí）州（今四川奉节）吧，走一步算一步。"

果然，事情与杜甫预料的一样。杜鸿渐是个老奸巨猾的官僚，他被任命为成都尹兼剑南节度使后，并不着急去平定内乱，而是慢悠悠地走了四个月，听凭崔旰、柏茂琳等人狗咬狗，等大家咬累了，局面僵持了，他才到达成都，做了和事佬，把这一干人等都安排了岗位，于是得到了表面上的安宁。其实呢，这些人成了小军阀，越发嚣张跋扈，不服管理，只顾搜刮人民。外加吐蕃虎视眈眈，不时侵扰，四川盆地已从一个安乐窝，变成了一个煎锅，煎熬着千千万万的百姓。

柏茂琳倒得了个便宜，在这年秋天，从一个牙将升为邛（Qióng）南防御使，管理夔州、峡州、忠州、归州、万州，他日常办公地点，就在夔州。

杜甫病体稍微康复，春天时离开云安，继续顺流而下，就来到夔州，在这里，他遭遇了一道天险，不能再往前了。

　　这道天险，就是滟滪（Yàn yù）堆。

　　长江从青海奔流而下，一路曲曲折折，劈山斩石，到了夔州，被两座大山夹住了。北面是赤甲山，山顶是著名的白帝城；南面是雪白崖壁的白盐山。江水从窄缝里通过，水流湍急，怒浪滔天。江中心有一个令人闻风丧胆的滟滪堆，威胁着往来的商船。杜甫刚到夔州，已是暮春，长江水流正急。这时小舟是不能通过滟滪堆的，杜甫一行就只好在此暂住。

　　杜甫是喜欢壮丽山川的，夔州风景独特，又有许多名胜古迹，自然能引发他的兴致。高昂的山峰，奔腾的江水，让他想到了华山和黄河，心里很是亲切。而白帝庙、武侯庙，更令他流连忘返。

　　他一到夔州，就骑着马，登上白帝城，走进白帝庙。马蹄踏着空祠中的青苔，耳中是鸟雀的鸣叫，杜甫想到了东汉公孙述反抗王莽、自称白帝的伟业，心里又是激动又是惆怅。时光流逝，七百多年过去了，鸟雀生死更替，林花谢了又开，公孙述虽然早已不在，但庙宇依然。虽然空寂无人，落满尘埃，只有孤云偶尔飘来探看，但公孙述毕竟已名垂青史。而自己呢，虚度一生，寸功未立，老病无力，不免十分惭愧。

　　白帝庙旁，又有武侯庙，杜甫也一道参观了。诸葛亮的雄才大略、出师未捷，更给他增添了一份感伤。他看到武侯庙前的古柏，枝如青铜，根如岩石，树干直冲云霄，几人才能合抱，忽然想到：如果大厦要倾倒了，这古柏显然是可以做栋梁的，然而它重如丘石，万头牛都拉不动，所以想做栋梁而不可得。

于是，他从古柏身上，得到一种安慰：自己不能得到重用，不是自己才德不够，而是才德太高，反而无人能用，这恐怕不仅是自己的悲哀，也是国家的遗憾啊。

初到夔州，杜甫似乎沉醉到这里的风景名胜中去了，写了一些优美的诗句：

> 依沙宿舸船，石濑月娟娟。
>
> 风起春灯乱，江鸣夜雨悬。
>
> 晨钟云外湿，胜地石堂烟。
>
> 柔橹轻鸥外，含凄觉汝贤。
>
> ——《船下夔州郭宿，雨湿不得上岸，别王十二判官》

小舟傍晚靠着沙岸停歇，江水冲击石岸，款款有声，月光静而美好。继而风起，吹动了春灯；继而落雨，江水一片轻鸣。等到清晨，钟声响起，似乎触到雨水，也被濡湿了。举目望去，夔州城一片烟雾朦胧，别有情致。又该出发了，于是缓摇船橹，鸥鸟轻轻飞过。杜甫想到，不能上岸与他心目中的贤人王判官告别，心里稍有惆怅。

然而，时间一久，夔州独特的风土人情，还有楚地独有的气候，又让杜甫感到很不适应。

头一条，这里夏天的炎热，就让他受不了。这一年也是不凑巧，冬天少雪，春天少雨，太阳把山岳都烤焦了，虽然时不时乌云密布，雷声阵阵，但总不见下雨。杜甫汗出如浆，衣服没个干透的时候，整天软绵绵的没有精神，面对饭菜，一点食欲都没有。

到了晚上，他不敢轻易上床。南方多蛇，趁着傍晚凉快，蛇就从洞穴里钻出来，游进庭院里、屋舍内，甚至眠床上。有一回，杜甫回到家，摸着黑，爬上床去，手臂却碰到冰凉凉的物体，点灯一照，顿时吓得魂飞魄散。原来被窝里盘着一条冰冷的蝮蛇，看到灯光，也惊醒了，但并不恐慌，而是优哉游哉，若无其事地窜下了床。此后临睡前，杜甫都得举着蜡烛，仔细查看一番后，才敢战战兢兢地躺下去。

此外，夔州多山地，没法打井。为了饮水，就得用竹筒将山泉引过来。这竹筒有的长达数百丈，中间很容易毁坏。杜甫患了消渴症，也就是糖尿病，时常觉得口渴，有时水筒坏了，就让仆人前往修理，一去一整天，他不免焦渴难耐，也是一桩苦事。

幸好，到了秋天，柏茂琳来了。他既然是严武的老部下，与幕府里的杜甫也是相熟的。眼看着杜甫落了难，自己又恰好财大气粗，所以一半是出于同事之情，一半是出于炫耀卖弄，就给杜甫安排了住所，并且派了一些官奴来帮助他，还不时派园官送瓜、送菜。

杜甫的生活暂时得到稳定。为了回报柏茂琳，杜甫不时陪他在酒席上喝酒，又写诗赞美他，替他给皇上写奏表，似乎做了军阀家的一个门客。

夔州古城门

忧国诗圣杜甫

心高气傲的杜甫，接受了这样的生活，但内心并不太舒服。他与柏茂琳并不是一类人。如果说，严武、高适的资助，是出于友情，他可以坦然接受。而柏茂琳的资助，却让他感到，自己是在摇尾乞怜。可是他有什么办法呢？一家子流离失所，不暂时依附这个小军阀，他怎么能养活妻儿呢？

生活逼得他随遇而安了。

刚到夔州，他住在城内，随即住到西阁，面临着长江，每天看着江涛江雾。柏茂琳来了后，杜甫得到他的资助，就迁到赤甲山下，继而又移到瀼（ráng）西草堂，管理果园四十亩。柏茂琳倒也大方，不久，又让杜甫管理东屯的一百亩稻田，为了收稻方便，他就住到东屯。

杜甫就这样，成了一个有稻田，有果园，有奴仆的地主，生活就这样暂时安定下来了。

他将稻田和果园租给农民，指挥着奴仆们在林中伐木，采摘治疗风痹的卷耳，让儿子宗文去树立鸡栅。柏茂琳派来行官张望管理东屯的稻田，杜甫就让自己的奴仆前去慰问。

然而，杜甫的心，却始终不能安定。他的想法是，等凑足了盘缠，养好了身体，江水不再那么急的时候，还是要乘坐小舟，穿过三峡，到达江陵，然后折向北去，回归洛阳。

老妇扑枣

　　杜甫住在瀼西草堂还算过了一段安静的日子。一个初秋的夜晚，杜甫在草堂里写诗，忽然听到堂前响起"啪啪"声，打扰了他的思路。他以为是宗文的鸡舍没有建好，鸡四处乱走，往树上乱扑腾，就站起身来，循声走到堂前。借着月光。却见枣树下站着邻居家的老妇人，衣上满是补丁，手持着长长的竹竿，正用力地敲打残余的红枣。红枣噼啪地落在地上，老妇人俯下身子去捡，不料一枚红枣咕噜噜往前滚着，竟滚到了杜甫的脚下。

　　老妇人的目光一路追过来，看到了杜甫，不由地惊慌起来，居然做出逃跑的姿态，但又觉得不妥，就垂下头去，低低地叫了一声：

　　"老爷……"

　　杜甫捡起红枣，朝老妇人走过去，放在老妇人的手里。

　　"以后想要红枣，尽可以来拿。如果不方便，我让仆人阿段替你扑枣，给你送去。"

　　老妇人感激地说不出话来。

　　杜甫问她："家里还有什么人吗？"

　　老妇人听到这样一问，脸上顿时露出颓唐的神情，皱纹更加深而密了。

　　"哪还有什么人啊。老头前些年过世了，两个儿子，一个死在战场

129

忧国诗圣杜甫

上，一个死在江里，现在就剩我一个老婆子了。"

"那你平常靠什么生活？"

"就靠那一点田地啊，稻子是种不动了，就种点菜，吃不完的就挑去市里卖，换点盐和米。谁知道，我都这样了，县里照样还是来催租。唉，现在是饥一顿，饱一顿，胡乱地过日子罢了。"

杜甫听到这样的哭诉，心又沉了下去，就走到后厨，将剩余的一些白米、腌肉装了个篮子，塞到老妇人手里。老妇人感激不尽，不住地称谢，颤颤巍巍地回去了。

此后，杜甫时常接济她，而老妇人也时常来打枣。

然而，过了些日子，东屯的水稻成熟了，等待收割。从草堂到东屯，有十几里地，每天往来，很不方便，杜甫就和家人一起迁到了东屯去了。刚好此时，有亲戚吴郎从忠州来，没有住所，杜甫就将瀼西草堂借给他。

这吴郎到了草堂，就开始了修缮，并在草堂周围插上了一圈篱笆，将几株枣树也围在当中。那老妇人看到草堂换了主人，又看到隔了篱笆，而那吴郎是个年轻人，英英武武的，走进走出，眼中似乎也看不见她这个老婆子，心里就害了怕，不敢再来扑枣，此外又没了杜甫的接济，日子变得更困顿了。

杜甫偶尔也来草堂，与吴郎相聚，看到草堂外的篱笆，心里就一咯噔，走到屋后去，远远看到了老妇人。

"您最近怎么样啊？"

老妇人将自己的苦楚说了一遍。

杜甫看了看枣树，又看了看篱笆，也没有当面和吴郎说，回到东屯后,写了一首诗,让人送给吴郎。

> 堂前扑枣任西邻,无食无儿一妇人。
>
> 不为困穷宁有此?只缘恐惧转须亲。
>
> 即防远客虽多事,便插疏篱却甚真。
>
> 已诉征求贫到骨,正思戎马泪盈巾。

——《又呈吴郎》

在诗里,杜甫语气极委婉。他说,堂前的枣树,就放任西邻的妇人去打吧。她是个无食无儿的可怜人,要不是穷困得万般无奈,哪会来打别人家的枣子呢?所以,看到她打枣时战战兢兢的样子,我们非但不该干涉,还要表示亲善,让她安心打枣呢。

现在,她看到你是个陌生人,就有些害怕和提防。其实呢,这是她多心了。不过你在草堂外插了一圈篱笆,倒像是真的要禁止她打枣呢。所以,你不如也做些亲善的动作。

唉,想想这个世道吧,现在兵荒马乱,朝廷横征暴敛,你我四处飘零,一想起来,不免泪流盈巾。而老妇人这样的普通人家,更是贫穷到骨,我们怎能不小小地关心一下呢?

对身边的穷苦人,杜甫有着这样深切的关爱,实在是令人感动的。

后来,奉节人就有了一样土特产,名叫"杜甫晒枣"。你要问那些晒枣的老农民,为什么取这个名字啊?他就会说起杜甫与老妇人的故事。末了还会问一句:你知道这晒枣为什么这么甜吗?然后,他自问自答:就因为有着杜甫对穷人的爱啊。

忧国诗圣杜甫

继续漂泊

杜甫的性子是执拗的，从年轻时便是如此，科举失利，就一定要参加制举，制举不中，就选择献赋，每次失败，反倒提高难度，难免总是碰壁。等他老了，执拗的性子反倒变本加厉。

他在夔州住着，管着大片的果园和稻田，手底下还有一批奴仆，隔三岔五还有个饭局，日子过得相当滋润。然而，他执拗的性子，让他不愿意住下去。

他一直想回长安、洛阳，去实现他那些远大的抱负。

而夔州呢，只是个十几万人的小城。柏茂琳虽对他不薄，但只将他视为门客，偶尔借用下他的文笔而已。在这里，杜甫根本是难以施展抱负的。所以，和这个小军阀周旋，只是他的权宜之计，并不是长久的打算。此外，夔州的气候和风土，也让这个北方老人难以适应。

"我老了，就算不能建功立业，也得落叶归根。唉，就算不能回洛阳，去年轻时游历过的吴越，也强过留在夔州啊。"

这就是他的真实想法。

可是，他想走，却走不了，身体又多病，心情自然是抑郁的，于是他走在江边，看着风急浪高，落叶纷纷，就写出了这样的名诗：

风急天高猿啸哀，渚清沙白鸟飞回。

无边落木萧萧下，不尽长江滚滚来。

万里悲秋常作客，百年多病独登台。

艰难苦恨繁霜鬓，潦倒新停浊酒杯。

——《登高》

可怜的杜甫，因为身体缘故，终于连酒都戒了。那么愁闷钻入心扉的时候，又靠什么来解忧呢？幸好，他在夔州，得到的也不全是坏消息，偶尔有点喜讯从京城传来，让杜甫的生活也增添一点兴奋。

766年，唐代宗生日，节度使们纷纷入朝祝寿。河北一带的节度使本是安禄山、史思明的旧部，虽然臣服，但个个都是无冕之王，自行其是，并不将软弱的朝廷放在眼里，不料这回竟然也主动入朝了。这让杜甫觉得欣喜，认为全国真的统一了。

767年九月，吐蕃率众数万，围攻灵武，结果被朔方节度使路嗣恭结结实实地打败了。杜甫又因此觉得快意，认为北方已经安定，回家的路，应该更为畅通了。

这时，他的弟弟杜观正在长江下游的江陵，不断地写信来，希望哥哥出三峡，去江陵，再做进一步打算。

战乱之中，江陵成了好地方，因为相对平静，北方人大量逃难至此，于是空前繁华。而且，这也是个交通枢纽。从江陵出发，往北可以去洛阳，往南可以到潭州（今湖南长沙），往西可以去川蜀，往东可以到吴越。

有这多方的原因，杜甫决心已定，经过了一些准备，将果园、稻田、草堂都做了交接，带领着家人，于768年正月离开夔州，开始了他的漂泊生涯。

这一年，他五十七岁。距离他去世，仅剩下两年时间。

忧国诗圣杜甫

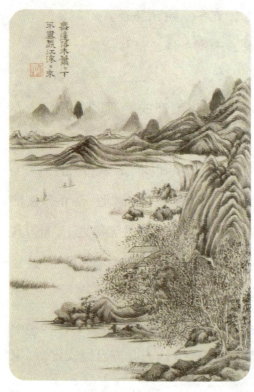

清代王时敏所绘《杜甫诗意图·落木江帆》

此画题款"无边落木萧萧下，不尽长江滚滚来"，为《登高》中的诗句。杜甫在夔州年老多病，希望回洛阳、长安，心境忧愁。

而在这最后的两年里，他抱着虚弱的病体，沿着长江、湘江，基本上只在做两件事情：投奔亲友，不成功，继续投奔，不成功，继续投奔……直到生命的尽头，真是惶惶如丧家之犬。

很快，他们就到了江陵，暂时安顿了下来。于是，又有许多朋友来接风洗尘，饭局不断。然而，杜甫却发现，这帮朋友大都贫寒，请他吃一两顿饭可以，吃几个月就力不从心了。他也不想久留，只想稍微休整一下，继续北上，前往阔别十年的洛阳。

可惜，杜甫的运气实在不好，这年二月，商州（今陕西商县）又乱了，兵马使杀死了防御使，起兵叛乱了，让六百里商於地区（今河南淅川县西，但此处所指还包括当今陕西商县东南地区）陷入战乱，交通自然也就堵塞了。等到八月，叛变稍微平息，可吐蕃又开始进攻凤翔，长安受到威胁。这些事变，让杜甫断绝了北上的念想。

那么，去哪儿呢？去吴越？那里完全没有朋友，他去倚靠谁呢？

他只好留在江陵。

可是，他在江陵得到的帮助越来越少。弟弟杜观，虽然一再请他来江陵，但经济条件有限，也不能保证哥哥的生活。几个朋友原本时常请他出席酒宴，但随着杜甫身体越来越坏，耳朵聋了，右臂肌肉萎缩了，这样丑陋的老人，难免会让酒宴败兴，所以他受到的邀请也越来越少。

然而，为了生计，他不得不主动前去拜访一些官员朋友，去讨得一点钱粮，一杯浊酒。这样的生活，是万分屈辱的，再次让他感觉自己是条狗，整天摇尾乞怜，却只遭来别人的鄙视。

因为难以生存，于是，杜甫又再次乘船出发，沿着长江，来到了公安县。但很快这里发生了战乱，他在冬末逃往岳阳。在这里，他登上了岳阳楼，面对着八百里洞庭，烟波浩渺，一望无际，长风猎猎，让人衣袂飞扬，老诗人激动万分。然而，身世的飘零，国家的命运，让他的激动增加了悲凉的成分。

> 昔闻洞庭水，今上岳阳楼。
>
> 吴楚东南坼，乾坤日夜浮。
>
> 亲朋无一字，老病有孤舟。
>
> 戎马关山北，凭轩涕泗流。
>
> ——《登岳阳楼》

杜甫说，他早就听说过洞庭湖，对这里的典故烂熟于心，从来都

135

是极其向往的，而今天，他终于亲自登临岳阳楼，那份激动难以言表。这一片浩大的湖水，就是吴国和楚国的国界线啊，曾经上演过多少兴亡更替。起伏的波涛，映照着天光云影，就像是天地都在湖中动荡，何其壮观啊。

唉，动荡，动荡，整个大唐国土，不也是动荡不安吗？自己颠沛流离，不更是如此？亲戚朋友没有一字往来，自己既老且病，连安身之所都没有，只能寄身于一叶扁舟。唉，青年的壮志，中年的奔波，最后竟一事无成，一无所有。而这些，不正是因为身逢兵荒马乱的年代吗？想到自己的命运，想到天下人的命运，他靠着轩窗，情难自禁，不由涕泪交流。

这就是杜甫，命运再困苦，身体再痛楚，内心再悲戚，他对于国家民族的关心，却始终没有磨灭。

杜甫休息了

　　杜甫在岳阳呆了一段时间，又去了衡州、潭州。不料潭州却发生了兵变。城内火光冲天，杀声四起。杜甫叫苦不迭，只得又一次开始了逃难。这时他已百病缠身，耗尽了脂膏，瘦得只剩下一副枯骨，满是补丁的单薄旧袍子，空空荡荡地挂在身上。他一家子随着难民，在湘江上无助地漂荡。

　　一匹白马从东北面跑来，气喘吁吁，满身血污，低头在江里饮水。背上有副空鞍，身上插着两支利箭，伤口还在淌血。

　　杜甫是好心的，他让船靠岸，又让宗文、宗武登上岸去，将马安抚好，把利箭拔出。杨氏早准备好了药，敷在白马的伤口上。白马痛了一会儿，就卧在地上休息了。

　　宗武摸着马背，回头问道："爹，你说，这马是打哪儿来的？"

　　杜甫说："还能是哪里呢？东北面，肯定是潭州啊。"

　　宗武天真地问："那它的主人呢？"

　　杜甫没有回答。他看着白马，仿佛看到空鞍上，曾经坐过的那位英武少年，就像三十年前的自己一样，意气风发，以为靠胯下马、腰中剑，就可澄清乾坤。唉，一阵命运的乱箭过后，少年人就跌落马尘中了。

　　其实，除了乱箭，还有许多原因让人死亡。贼寇、官兵、赋税、饥饿、寒暑、流离，在这十余年里，已让全国人口减少了十之七八。大唐

忧国诗圣杜甫

的强盛，早已一去不复返了。他曾以为，唐肃宗收复两京，唐朝就能中兴。其实，安史之乱，只是纷争的开始，如今军阀混战，外族入侵，大唐已永无宁日。

杜甫又在叹息了。

他用苦涩的目光，打量着宽广的天地，却没有寸土可以容身。妻儿悲戚地跟随着他，前路茫茫，不免又会想起成都和夔州的安稳岁月，有时也会抱怨哀叹。杜甫无力反驳，只知道川蜀大乱、湖南大乱，退路已被战火阻断，他们已经回不去了。

他们到了衡州，度过一个夏天，一家人商量了一番，还是选择沿着湘江往南，去郴州。在那里，杜甫有个族舅，名叫崔伟，正担任郴州录事参军，虽说官职不大，但到底是亲戚，或许可以得到一些帮助，胜过在衡州苦熬。

于是，他们从湘江进入郴水，刚到耒（Lěi）阳县，只见前方大水茫茫，浩无边际。浑黄的洪水汩（gǔ）汩滔滔，漂着树枝、茅草、牛羊的尸体。这让杜甫想到了十四年前，他们初次逃难，在三川县同样遇到了这样的水灾。当年他可以涉险而过，但如今呢，他已心力不济。于是他们被困在了方田驿，绝粮五天，连一口干净水都不容易得到，眼看就要饥渴而死。耒阳县令雪中送炭，送来了白酒和牛肉，及时挽救了杜甫一家。

一家人吃饱喝足，心里稍微安定了一点。可接下来，他们该往哪里去呢？

杨氏说："南下已不可能。其实，我早就想，即便到了郴州，舅父又能帮助我们多少？乱世之中，人人自顾不暇，又有多少能力来照料我们这一大家子呢？"

杜甫听了，也沉默不语。这些年东奔西走，遇到的亲戚、朋友也不算少，但真能帮得上忙的，也只有严武和柏茂琳。

儿子宗文问道："那我们该怎么办呢？"

杜甫沉吟了许久，眼里忽然放射出坚定的光芒，说："还是要回长安。到了那儿，我们起码还有几间草房，几亩薄田，能有个着落。"

于是，他说出了去长安的路线，先沿着湘江，往北到岳州，再沿长江到鄂州（今湖北武汉），然后转入汉水，一直往西北去，可以抵达长安。

宗文、宗武在羌村、秦州、成都、夔州住了十多年，对长安早已记忆模糊了。但杨氏听了，却是高兴的。除了回归故里让她快乐之外，长安的亲友也能让她安心。

"只是，你的身体……"

"不妨事的。"

杜甫要做出刚毅的动作，但右臂早已不能动弹，话说得一大声，肺部顿时难受，发出了一长串剧烈的咳嗽。等咳嗽停了，他才加上一句：

"我们一路坐船，还是轻松的。我们连陇山、蜀道、三峡都过了，还怕这湘江、汉水？"

于是，在秋天，他们掉转了船头，告别了亲友，往北而去。然而，天气越来越冷，他的身体越来越坏，风痹加剧了，他身体不能动，只能倒卧在船篷里，心境无比凄凉。

他偶尔感觉身体舒服些，就走到船头，向西北望去，长安遥遥，关山万里，又哪里看得到？能看到的，就是江上的白雾蒙蒙，岸上偶尔有几个萧瑟的小荒村，都隐藏在青枫林里，不见什么活气。偶尔也会听到激烈的鼓声，是老百姓在集会，敲着鼓，唱着歌，踏着舞，一时热闹起来，让杜甫也稍微觉得高兴，但很快，随着小舟往前，鼓声被抛在后面，愁闷又会遮天蔽日地盖下来。

"该服药了。"杨氏在船尾煎好了药，端进船篷里来。

杜甫回到船篷，看到药碗放在黑羊皮蒙覆的小茶几上，不禁感慨。这小茶几，跟随他多年，从秦州到成都，从成都到夔州，现在又陪他来到湘江，用了这么多年，早已散架了，杨氏用绳子捆了一圈又一圈，勉强还能不倒。

杜甫看着小茶几，就像看到了自己。他也是要散架的人了，只不过勉强用药来维持不倒。可是，这又能撑得了几时呢？他拿起药碗，忍住酸苦，一饮而尽。过不多时，身上起了一层汗，似乎舒服了一点。当然，这或许也只是幻觉。

他从自己的病，又想到国家的病。你看，这江上惨白的江水，惨白的烟雾，惨白的天宇，不也是病入膏肓的表现吗？他又沉痛起来，要作诗了，于是回到船篷里，就在乌皮几上，展开纸，用左手抖抖索索地写了几个不端正的字。

湘江风光

"战血流依旧，军声动古今。"

有这两句诗打底，他慢慢地想，慢慢地写，写他的贫穷，写他的病痛，写他的乌皮几，写他对国家的忧虑，渐渐写成了三十六韵，七十二句。这首长诗，已耗完了他的心力。看着诗稿，他不免又无声地哭了一阵。

他曾少怀壮志，意气风发，结交权贵，却处处碰壁，一生报国无门。他曾满怀焦虑，心忧天下，但一介书生，面对战乱如麻，却无能为力，只能写点在他看来是雕虫小技的诗句。如今，他老了，太累了，奔波了一生，的确该休息了。但是，以他的执拗个性，只要一息尚存，就不会停止对国家命运的忧思。

也只有死亡，才能让这位忧国忧民的大诗人得以安息。

于是，又过了几天，杜甫在寒冬的湘江上，抛下了深爱的妻儿和祖国，抛下了瘦弱苍老的皮囊，抛下了壮志未酬的遗憾，离开了。

这一年，他五十九岁。

然而，他的诗句留下了。一千四百多首诗，或高亢激昂，或沉郁顿挫，或清新明丽，响彻千古。

他的精神留下了。他双眉紧锁，忧国忧民的形象，早已成为中华民族的一座丰碑，让万世敬仰。

附录　杜甫生平速览

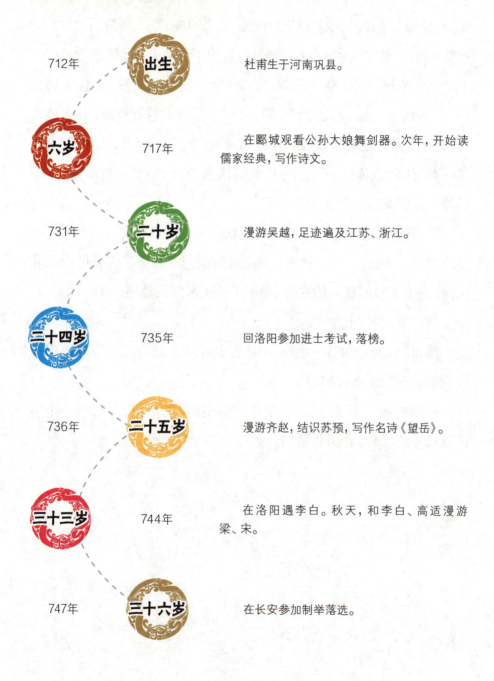

712年　出生　杜甫生于河南巩县。

六岁　717年　在郾城观看公孙大娘舞剑器。次年，开始读儒家经典，写作诗文。

731年　二十岁　漫游吴越，足迹遍及江苏、浙江。

二十四岁　735年　回洛阳参加进士考试，落榜。

736年　二十五岁　漫游齐赵，结识苏预，写作名诗《望岳》。

三十三岁　744年　在洛阳遇李白。秋天，和李白、高适漫游梁、宋。

747年　三十六岁　在长安参加制举落选。

向玄宗献三篇《大礼赋》，被召至集贤院考试，名声大振，但只得了个等候分配。

四十岁　751年

看到征兵之苦，写作《兵车行》。

752年　四十一岁

官拜右卫率府胄曹参军（八品官）。十一月，赴奉先探望妻儿，幼儿已饿死。同月，安禄山举兵造反。

四十四岁　755年

五月，全家逃难至鄜州后，听说肃宗继位，便只身投奔灵武，半路被叛军抓获，押往长安。

756年　四十五岁

四月从长安逃到凤翔，投靠唐肃宗，官拜左拾遗。同月，房琯获罪，杜甫上言拯救，肃宗大怒，下令三司会审。

四十六岁　757年

随皇帝回长安，任左拾遗，很快被贬为华州司功参军。

758年　四十七岁

从洛阳回华州，看到兵连祸结，途中作"三吏三别"六首。七月，弃官走秦州。十月，赴同谷，几乎断粮，不满一个月，又赴成都。

四十八岁　759年

忧国诗圣杜甫

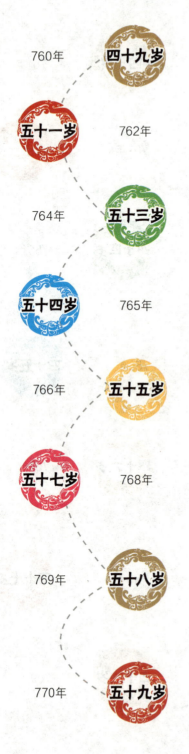

760年 四十九岁 — 靠多方援助，建成都草堂，得到暂时的安居。

五十一岁 **762年** — 七月，送严武还朝。因徐知道造反，不能回成都，滞留梓州。

764年 五十三岁 — 因严武回成都，遂归成都草堂，任节度参谋、检校工部员外郎，本想有所作为，但很快感觉不适应，提出辞职。

五十四岁 **765年** — 四月，严武病死。五月，携家离草堂南下。九月，因病留云安。

766年 五十五岁 — 在夔州，受柏茂琳帮助，得以安居，但心中有出三峡之意。

五十七岁 **768年** — 离开夔州，出三峡，至江陵，秋天到公安，冬晚，至岳州。

769年 五十八岁 — 抵潭州投奔好友，滞留潭州。

五十九岁 **770年** — 潭州兵变，欲往郴州投靠舅舅崔伟，半路遇洪水，回到潭州。深秋赴岳州，病死在湘江上。